铁路货车
运用故障处置指南

《铁路货车运用故障处置指南》编委会　编著

中国铁道出版社有限公司

2024年·北　京

内 容 简 介

本书共分为五章，主要针对铁路货车运用维修大、小件修故障处置方法编写，包括车钩缓冲装置故障处置、基础制动装置故障处置、空气制动装置故障处置、转向架故障处置、车体故障处置等内容。每章第一节为相关车辆部件基础知识，其他为常见故障处置项目。

书中将40个故障处置项目以文字和演示视频双重解析形式表达，提取了故障处置的要点和规范化流程，紧密贴合生产实际，具有较强的针对性和指导性。

本书可供货车检车员等从事铁路货车维修的各级作业人员培训使用，也可供铁路高职院校实作培训参考使用。

图书在版编目(CIP)数据

铁路货车运用故障处置指南 /《铁路货车运用故障处置指南》编委会编著. — 北京 : 中国铁道出版社有限公司, 2024. 11. — ISBN 978-7-113-31575-7

Ⅰ. U279. 3-62

中国国家版本馆 CIP 数据核字第 20242N2M79 号

书　　名：铁路货车运用故障处置指南

作　　者：《铁路货车运用故障处置指南》编委会

责任编辑：李润华　　**编辑部电话：**(010)51873138　　**电子邮箱：**jiliang@tdpress. com

封面设计：郑春鹏

责任校对：安海燕

责任印制：高春晓

出版发行：中国铁道出版社有限公司(100054，北京市西城区右安门西街8号)

网　　址：https://www. tdpress. com

印　　刷：北京盛通印刷股份有限公司

版　　次：2024年11月第1版　2024年11月第1次印刷

开　　本：787 mm×1 092 mm　1/16　**印张：**12. 75　**字数：**223千

书　　号：ISBN 978-7-113-31575-7

定　　价：78. 00元

前言

铁路是国家重大基础设施，是国民经济大动脉、重大民生工程和综合交通运输体系骨干，在经济社会发展中的地位和作用至关重要。铁路货车作为运输生产领域中的主要移动装备，扮演着不可或缺的角色，面对长时间、高频率、多工况的运行，及时准确处置铁路货车运用故障是保证其运行安全、提高运输效率的重要环节。为使货车检车员更好地学习铁路货车运用故障处置流程和质量标准，提升常见故障处置能力，确保货车运用故障在第一时间内修复，针对铁路货车运用维修大、小件修故障处置方法，特编著本书。

本书共分为五章，每章第一节为相关车辆部件基础知识，其他为常见故障处置项目。本书归纳总结铁路货车车钩缓冲装置、基础制动装置、空气制动装置、转向架、车体五大关键部件共40个常见故障处置项目；每个故障处置项目均涵盖安全风险项点提示，修理流程示意图，工具、量具、材料、配件准备，故障修理及质量标准，修理质量检查和确认，工具、量具、材料、配件回收六个模块。故障处置流程均采用图文并茂的形式进行阐述，同时每个故障处置项目均配有演示视频，读者可通过扫描二维码在线观看，更加直观地学习理解，切实掌握货车常见运用故障处置方法。

本书内容紧密贴合生产实际，提取了故障处置的要点和规范化流程，以文字和视频双重解析形式表达，具有较强的针对性和指导性，可供货车检车员等从事铁路货车维修的各级作业人员培训使用，也可供铁路高职院校实作培训参考使用。

本书由中国铁路北京局集团有限公司职工培训部、车辆部组织编写，由肖骞、高志强主编，孙瑞民、刘振兴、程波、许崇德、赵士江、崔宏宇、高超、刘瞳、王洋、李萌、刘学军、石成、许倩倩、高善兵、王磊、罗红辉、范增虎、张春来、关宏达、许庆彬、王洪亮、徐东方、李宝亭、何超、葛泽凤、楚永亮、张泽辰、高静涛、刘学龙、黄帅、张超、李胜玲参与编写，梁立辉、韩志龙、李顺、张喆、李天赐、宗政、高健、吴伟参与视频制作，孙强、娄鹏超、赵利、周军伟、尹孟洋、闫明通集体审定。

受编写时间所限，书中难免有疏漏、不妥之处，恳请广大读者批评指正。

编委会

2024年10月

目 录

第1章

车钩缓冲装置故障处置

1.1　铁路货车车钩缓冲装置基础知识

铁路货车车钩缓冲装置是连接机车车辆、传递和缓冲机车车辆间纵向力和纵向冲动的关键部件，主要由车钩、缓冲器、钩尾框、钩提杆等组成。车钩缓冲装置如图 1-1 所示。

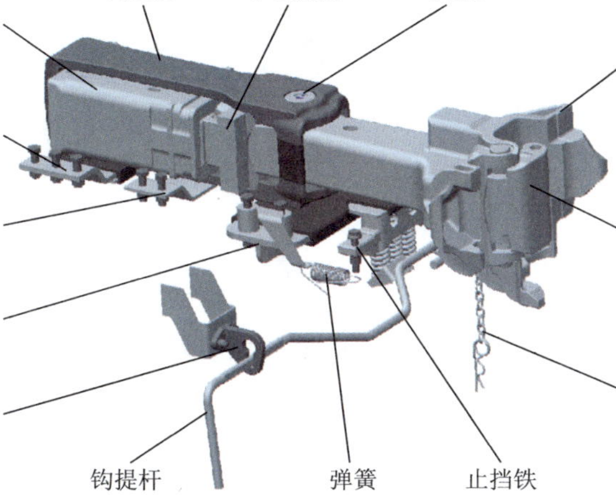

图 1-1　车钩缓冲装置

1. 车钩

铁路货车车钩主要有 13 系列、16 型、17 型车钩，牵引杆主要为 RFC 型牵引杆，缓冲器主要有 ST、MT-2、MT-3、HM-1 型缓冲器。17 型车钩结构如图 1-2 所示，13 系列下作用车钩下锁销如图 1-3 所示，13 系列上作用车钩上锁销如图 1-4 所示。

(1)13 系列车钩

13 系列车钩主要有 C 级铸钢 13 号车钩、C 级铸钢 13A 型车钩、E 级铸钢 13B 型车钩三种，主要应用于载重 60 t 级货车，按开启方式可分为上作用和下作用两种形式。上作用车钩和下作用车钩结构如图 1-5 所示。

(2)16、17 型车钩

16、17 型车钩是为了实现不摘钩直接进行翻车机卸货而开发设计的产品，具有连挂间隙小、结构强度高、联锁性能好、垂向防脱性能高和使用寿命长等优点。其中，16 型车钩为转动车钩，17 型车钩为非转动车钩。配套装用 16、17 型车钩的单元列车不用分解列车，即不需摘钩和摘解空气制动软管，可在翻车机上翻卸货物，使卸货效率提高。16、17 型车钩均为下作用车钩，如图 1-6~图 1-9 所示。

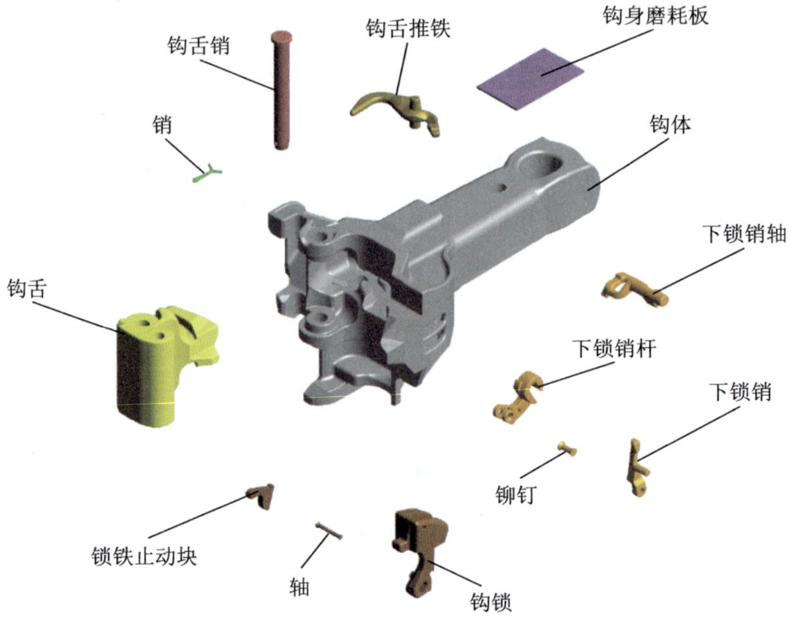

图 1-2　17 型车钩结构

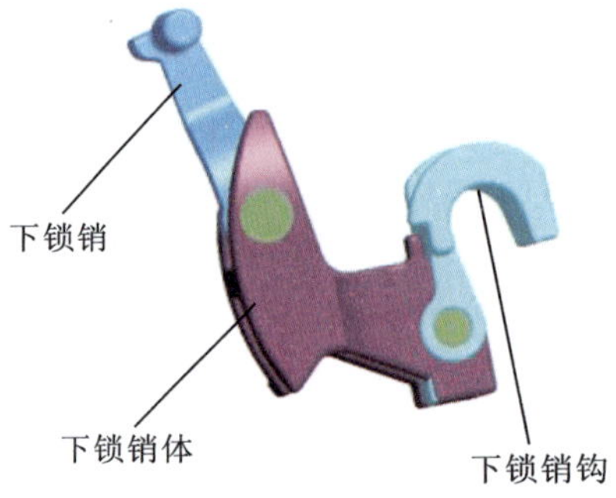

图 1-3　下锁销(13 系列下作用车钩)

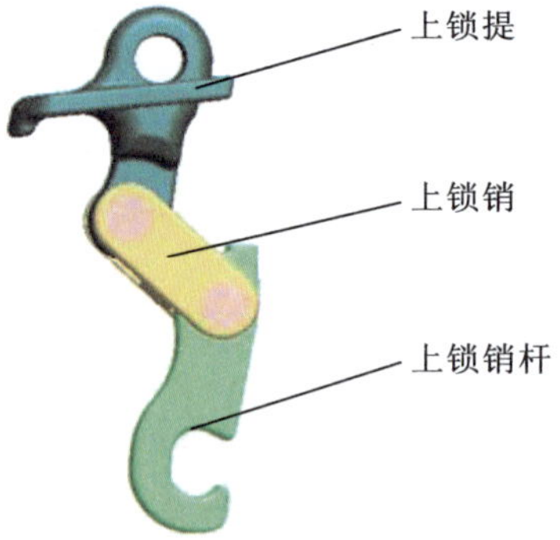

图 1-4　上锁销(13 系列上作用车钩)

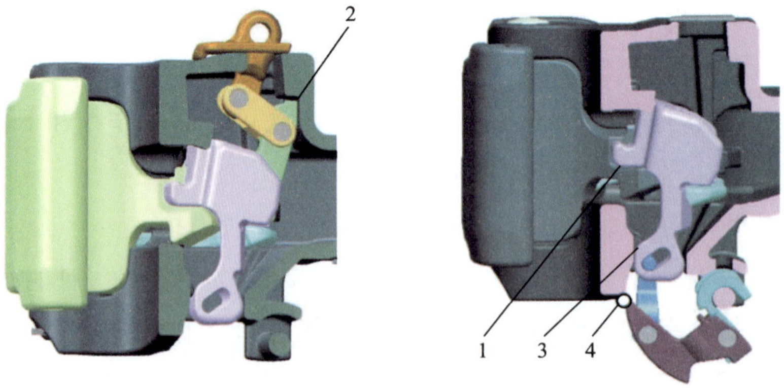

(a) 上作用车钩　　(b) 下作用车钩

1—钩锁位置;2—上作用防跳位置;3—下作用一次防跳位置;4—下作用二次防跳位置。

图 1-5　13 号车钩结构(闭锁位)

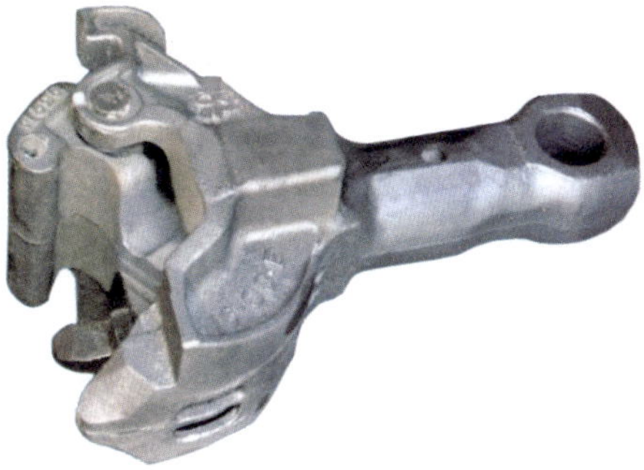

图 1-6　16 型车钩(全开位)

图 1-7　17 型车钩(闭锁位)

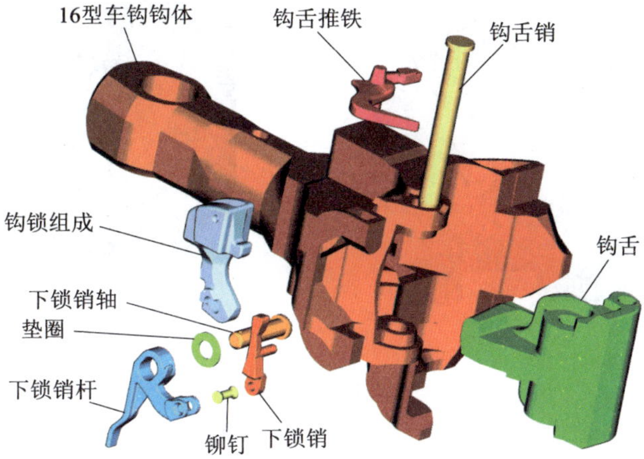

图 1-8　16 型车钩分解

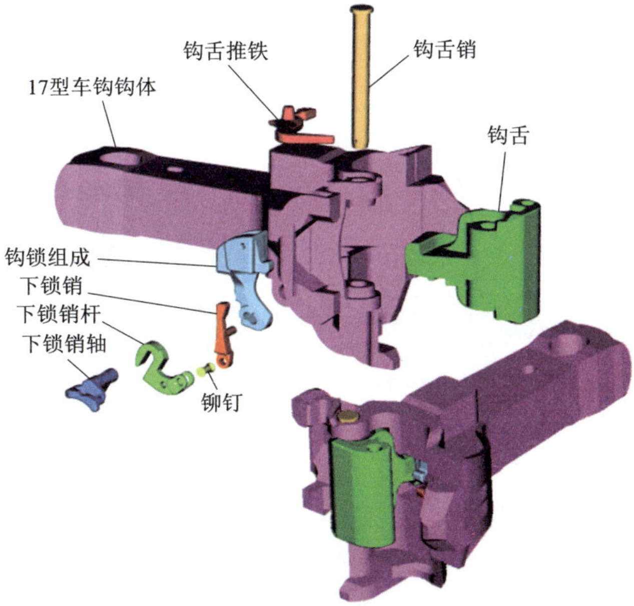

图 1-9　17 型车钩分解

2. 车钩三态作用及防跳

(1)开锁

将车钩钩提杆提至开锁位后放开,钩锁落下后停留在钩舌推铁座锁面上,此时处在闭锁位钩舌不应自动打开,用手扳动钩舌鼻部,钩舌应能转动到全开位。13 号车钩开锁位如图 1-10 所示。

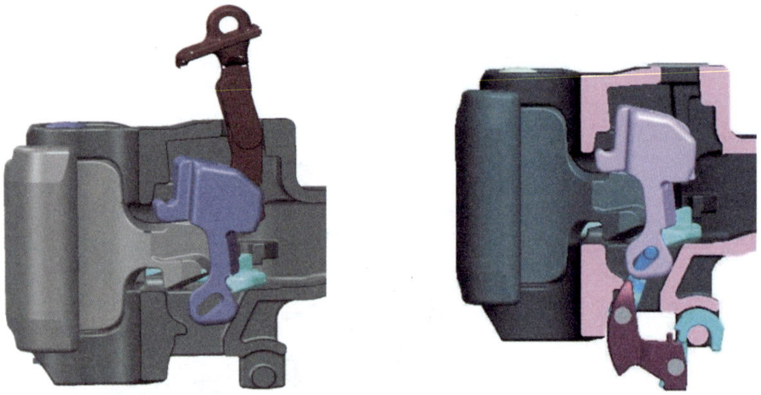

(a) 上作用车钩　　(b) 下作用车钩

图 1-10　13 号车钩开锁位

(2)全开

在车钩开锁位基础上,继续转动车钩钩提杆手柄,钩舌应能自动转动到全开位。13 号车钩全开位如图 1-11 所示。

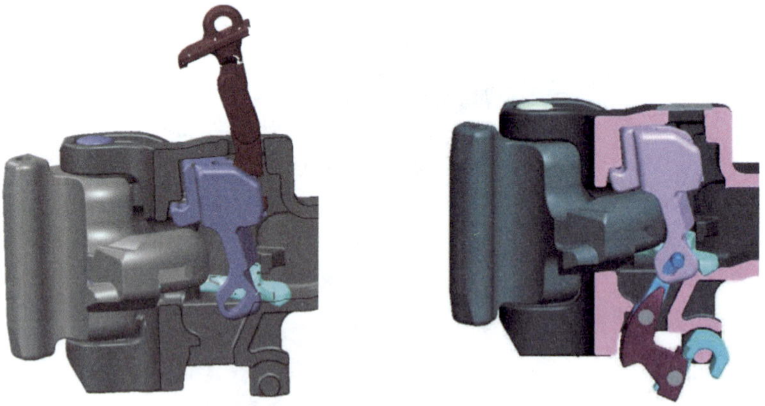

(a) 上作用车钩　　(b) 下作用车钩

图 1-11　13 号车钩全开位

(3)闭锁

当钩舌转动到闭锁位时,钩锁自由落到钩舌尾部座锁台上,此时位于钩头下方的下锁销杆上的整个显示孔均可见，显示孔不可见或不完全可见则表明车钩未处于锁闭状态。13 号车钩闭锁位如图 1-5 所示。

(4) 车钩防跳

16 型、17 型、13 系列下作用车钩采用 β 形防跳插销提高车钩防分离的安全可靠性。防跳插销安装位置如图 1-12 所示。

(a) 16、17型车钩

(b) 13系列下作用车钩

图 1-12 防跳插销安装位置

3. 钩舌销

钩舌销是铁路车辆上连接钩体和钩舌的一个重要零件。钩舌销将钩舌固定在钩头并为钩舌提供回转的支撑，但钩舌销不参与车钩缓冲作用力的传递。钩舌销如图 1-13 所示。

图 1-13 钩舌销

4. 钩体支撑座止挡铁(块)

车钩缓冲装置中，组装后支撑座与止挡铁须密贴，支撑座与座腔不得卡滞。止挡铁与冲击座原采用螺栓组装的可采用螺栓连接并加装开口销，且需装用防松螺母。托梁组成挡块如图 1-14 所示。

图 1-14　托梁组成挡块

5. 钩提杆复位弹簧

钩提杆复位弹簧安装在端梁与钩提杆复位弹簧座上，提高了车钩防分离的可靠性。钩提杆复位弹簧如图 1-15 所示。

图 1-15　钩提杆复位弹簧

6. 钩提杆链

当车钩纵向中心线与车体纵向中心线重合时，以上锁销孔纵向中心线与钩提杆头部纵向中心线重合时为基准进行检测，钩提杆链松余量为 40~55 mm。上作用钩提杆链如图 1-16 所示。

图 1-16　上作用钩提杆链

7. 车钩下锁销组成

车钩下锁销组成包括下锁销防脱(跳)台、下锁销轴、二次防脱(跳)尖端、转轴孔、回转挡、钩提杆止挡等部件。下锁销组成如图 1-17 所示。

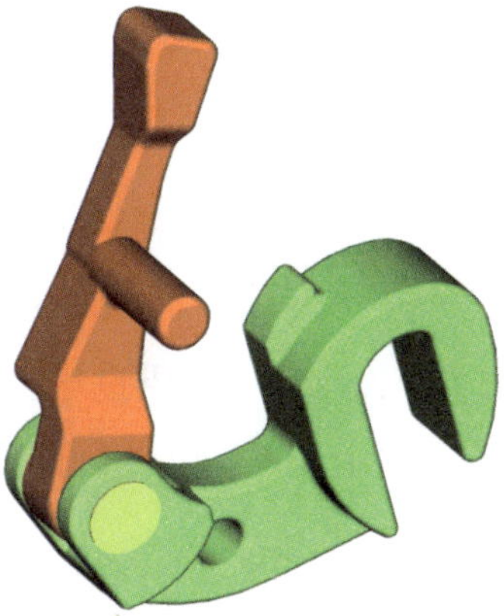

图 1-17　下锁销组成

视 频

更换、补装17型车钩配件

1.2 更换、补装 17 型车钩配件

大件修

安全风险项点提示

1. 该作业由检车员自检自修，工长对维修质量进行检查和确认。

2. 处理连挂车辆车钩故障时须由工长通知值班员联系车站拉空档并做好防溜工作，拉空档距离不小于 10 m。

3. 对于拉空档车列须在首尾两端重新插设防护信号。

4. 故障处理完毕撤除两端防护信号后，通知值班员联系车站人员挂车。

5. 卸除开口销时用力要适当，避免作业中扭伤，卸除钩舌销前应使钩舌处于开锁位，组装车钩配件时要挑选同型号合格车钩配件，安装钩舌销开口销劈开角度符合规定，组装完毕后要进行车钩三态作用试验。

修理流程示意图

工具、量具、材料、配件准备

↓

卸下车钩各部件并检查

↓

安装车钩各部件

↓

试验车钩三态

↓

修理质量检查和确认

↓

工具、量具、材料、配件回收

工具、量具、材料、配件准备

作业人员到工具室取尖撬、手锤，到材料分存库取同型号车钩钩舌、钩舌推铁、钩锁、下锁销组成，到达作业地点。作业前确认车列两端设有安全防护信号(以下简称防护信号)，无防护信号时禁止作业。

故障修理及质量标准

序号	程　　序	图　　示
1	卸下：缓慢提起钩提杆使车钩处于开锁位，用手锤、尖撬取下钩舌销开口销，取出钩舌销。用双手将故障钩舌搬下至钢轨外侧。依次卸下钩锁、钩舌推铁、下锁销组成，卸下配件时严禁抛扔。然后清扫各配件	   

续上表

序号	程　　序	图　　示
1		    

续上表

序号	程　　序	图　　示
2	检查：检查车钩各部配件，重点检查上下钩耳及车钩各部弯角应力集中处有无裂纹，检查钩腔各部状态有无裂纹、缺损。更换故障配件	 
3	安装前准备：在钩舌尾部及钩锁的工作面须涂抹二硫化钼耐磨剂	 

续上表

序号	程　　序	图　　示
4	安装钩腔配件：将下锁销轴安装在下作用钩提杆以后，依次安装下锁销轴→17 型下锁销组成→钩舌推铁→钩锁，将下锁销杆下部与钩锁锁腿孔槽进行连接组装，完成钩腔配件组装	   

续上表

序号	程　　序	图　　示
4		
5	安装钩舌：将钩舌安装在车钩上，推动钩舌，车钩处于闭锁位后安装钩舌销	
6		

续上表

序号	程　　序	图　　示
6	检测试验：使用车钩闭锁位、全开位检查样板测量钩舌与钩腕内侧面闭锁位、全开位距离（17 型车钩闭锁尺寸≤100 mm，全开尺寸≥219 mm）。试验车钩三态作用，试验合格后安装钩舌销开口销，钩舌销开口销双向劈开角度不小于60°，钩提杆扁平部位落入钩提杆座的扁孔内	

续上表

序号	程　序	图　示
7	恢复:检查车钩各部技术状态良好	

修理质量检查和确认

工长检查维修质量,开口销安装良好,车钩三态作用良好。

工具、量具、材料、配件回收

将工具、量具及换下的材料、配件回收,作业结束撤除防护信号,送至分存库和废旧材料存放处。

视 频

更换、补装13系列车钩配件

1.3 更换、补装 13 系列车钩配件

大件修

安全风险项点提示

1. 该作业由检车员自检自修,工长对维修质量进行检查和确认。

2. 处理连挂车辆车钩故障时须由工长通知值班员联系车站拉空档并做好防溜工作,拉空档距离不小于 10 m。

3. 对于拉空档车列须在首尾两端重新插设防护信号。

4. 故障处理完毕撤除两端防护信号后,通知值班员联系车站人员挂车。

5. 卸除开口销时用力要适当,避免作业中扭伤,卸除钩舌销前应使钩舌处于开锁位,组装车钩配件时要挑选同型号合格车钩配件,安装钩舌销开口销劈开角度符合规定,组装完毕后要进行车钩三态作用试验。

修理流程示意图

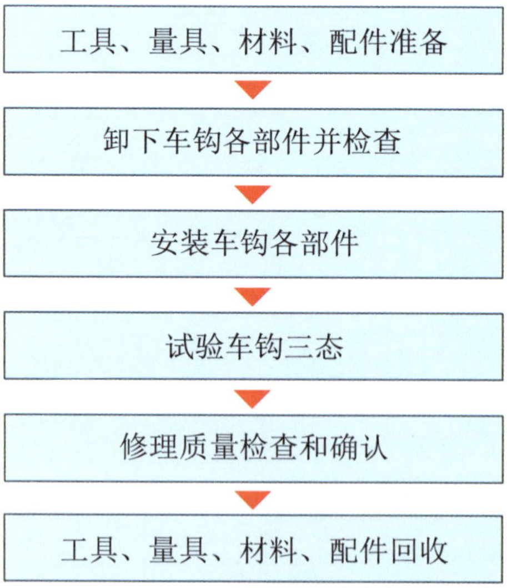

工具、量具、材料、配件准备

作业人员到工具室取手锤、尖撬，到材料分存库取同型号车钩钩舌、钩舌推铁、钩锁、上锁销组成、下锁销组成，到达作业地点。作业前确认车列两端设有防护信号，无防护信号时禁止作业。

故障修理及质量标准

序号	程　　序	图　　示
1	卸下：缓慢提起钩提杆使车钩处于开锁位，用手锤、尖撬取下钩舌销开口销，取出钩舌销。用双手将故障钩舌搬下至钢轨外侧。依次卸下钩锁、钩舌推铁、上锁销组成或下锁销组成，卸下配件时严禁抛扔。然后清扫各配件	   

续上表

序号	程　　序	图　　示
1		   

续上表

序号	程　　序	图　　示
2	检查：检查车钩各部配件，重点检查上下钩耳、上下牵引台及车钩各部弯角应力集中处有无裂纹，钩腔内部各磨耗面及防跳台有无磨耗过限。更换故障配件	   
3	安装前准备：在钩舌尾部及钩锁的工作面须涂抹二硫化钼耐磨剂	

续上表

序号	程　　序	图　　示
3		
4	安装钩腔配件:上作用车钩依次安装上锁销组成→钩舌推铁→钩锁,将上锁销组成的上锁销杆挂钩与钩锁挂钩轴进行连接组装,完成钩腔配件组装;下作用车钩依次安装下锁销组成→钩舌推铁→钩锁,将下锁销组成安装在钩提杆后,挂钩安装至挂钩轴,将下锁销杆下部与钩锁锁腿孔槽进行连接组装,完成钩腔配件组装	   

续上表

序号	程　　序	图　　示
5	安装钩舌：将钩舌安装在车钩上，推动钩舌，车钩处于闭锁位后安装钩舌销	
6	检测试验：使用车钩闭锁位、全开位检查样板测量钩舌与钩腕内侧面闭锁位、全开位距离(13 号车钩闭锁尺寸≤135 mm，全开尺寸≤250 mm；13A、13B 型车钩闭锁尺寸≤132 mm，全开尺寸≤247 mm)。试验车钩三态作用，试验合格后安装钩舌销开口销，钩舌销开口销双向劈开角度不小于 60°	

续上表

序号	程　　序	图　　示
6		
7	恢复:检查车钩各部技术状态良好	

修理质量检查和确认

工长检查维修质量,开口销安装良好,车钩三态作用良好。

工具、量具、材料、配件回收

将工具、量具及换下的材料、配件回收,作业结束撤除防护信号,送至分存库和废旧材料存放处。

视 频

更换、补装车钩托梁

1.4 更换、补装车钩托梁

大件修

安全风险项点提示

1. 该作业由检车员自检自修完成,工长对维修质量进行检查和确认。
2. 设置千斤顶,底座平稳,镐顶接头上部须加装防滑垫,确认车钩托梁安装状态。

修理流程示意图

工具、量具、材料、配件准备
↓
安装车钩托梁专修工具
↓
卸下车钩托梁
↓
安装车钩托梁
↓
修理质量检查和确认
↓
工具、量具、材料、配件回收

工具、量具、材料、配件准备

作业人员到工具室取车钩托梁专修工具及辅助工具,到材料分存库取同型号新品车钩托梁,到达作业地点。作业前确认车列两端设有防护信号,无防护信号时禁止作业。

故障修理及质量标准

序号	程　　序	图　　示
1	安装车钩托梁专修工具：将车钩托梁专修工具安装牢固，在冲击座与钩肩之间的钩身下部中心位置设置千斤顶，千斤顶座要坐实平稳，镐顶接头上部须加装防滑垫。作业人员使用专修工具扳手调整千斤顶的高度，起千斤顶使车钩离开车钩托梁	  
2	卸下车钩托梁：作业人员卸下车钩托梁螺栓开口销、螺栓及故障车钩托梁	

续上表

序号	程 序	图 示
2		
3	安装车钩托梁:将良好车钩托梁安装在车钩托梁座内,安装车钩托梁磨耗板,确认位置正确,在两侧的螺栓孔内安装车钩托梁螺栓及螺母,紧固后安装背母紧固、劈开新装开口销并卷起。缓慢调整千斤顶的下降高度,撤除千斤顶及防滑垫。测量车钩中心高度符合规定	

续上表

序号	程　　序	图　　示
3		

修理质量检查和确认

工长检查维修质量，车钩各部技术状态良好，互钩差不超限。

工具、量具、材料、配件回收

将工具、量具及换下的材料、配件回收，作业结束撤除防护信号，送至分存库和废旧材料存放处。

1.5 调整 13 系列、17 型车钩互钩差超限

大件修

视 频

调整13系列、17型车钩互钩差超限

安全风险项点提示

1. 该作业由检车员自检自修完成,工长对维修质量进行检查和确认。

2. 调整互钩差超限故障时,调整后的车钩高度须符合规定(车钩中心线高度最高≤890 mm,空车最低≥835 mm,重车最低≥815 mm)。

3. 更换车钩垫板时严禁将手伸入钩身与车钩托梁间。

修理流程示意图

工具、量具、材料、配件准备

↓

架稳千斤顶

↓

调整车钩支承座尼龙垫板

↓

测量互钩差

↓

撤除工具

↓

修理质量检查和确认

↓

工具、量具、材料、配件回收

工具、量具、材料、配件准备

作业人员到工具室取货车互钩差调整器和扳手,到材料分存库取调整垫板,到达作业地点。作业前确认车列两端设有防护信号,无防护信号时禁止作业。

故障修理及质量标准

序号	程　　序	图　　示
1	17 型车钩支撑弹簧压死故障：检车员检查发现车钩连接互钩差超限情况，如果是由于 17 型车钩支撑座弹簧压死未复位、钩头下垂造成的，检车员需用撬棍对钩体支撑座支撑弹簧进行撬别复位处理	
2	调整车钩高度（尼龙垫板）：对于 17 型车钩支撑座为尼龙垫板时，更换不同厚度车钩支撑座尼龙垫板进行车钩高度调整；对于 13 系列车钩，将原有车钩托梁磨耗板取下，并在车钩托梁上加（减）磨耗板	
3	检车员钻入车钩下方，架稳千斤顶垫，在适当位置安放好千斤顶，在千斤顶与钩身之间安放防滑垫木一块。工长须在现场监督、指挥	 

续上表

序号	程　　序	图　　示
3		 
4	用千斤顶压力杆顶起车钩，将原有车钩支撑座尼龙垫板取下，并在支撑座上加(减)车钩支撑座尼龙垫板	 

续上表

序号	程　　序	图　　示
5	撤除千斤顶及防滑垫，测量车钩高度及互钩差符合规定	

修理质量检查和确认

工长检查维修质量，互钩差不大于 75 mm。

工具、量具、材料、配件回收

将工具、量具及换下的材料、配件回收，作业结束撤除防护信号，送至分存库和废旧材料存放处。

1.6 调整钩提杆链松余量

大件修

视频

调整钩提杆链松余量

安全风险项点提示

1. 该作业由检车员自检自修完成，工长对维修质量进行检查和确认。
2. 调整钩提杆链松余量时，确认上锁销状态，防止车钩处于开锁状态。
3. 调整后对钩提杆链松余量进行测量，测量结果需符合 40~55 mm 的运用限度。

修理流程示意图

工具、量具、材料、配件准备
↓
调整钩提杆链松余量
↓
测量钩提杆链松余量
↓
状态检查
↓
修理质量检查和确认
↓
工具、量具、材料、配件回收

工具、量具、材料、配件准备

作业人员到工具室取专用的调整工具，到达作业地点。作业前确认车列两端设有防护信号，无防护信号时禁止作业。

故障修理及质量标准

序号	程　　序	图　　示
1	检查钩提杆的状态	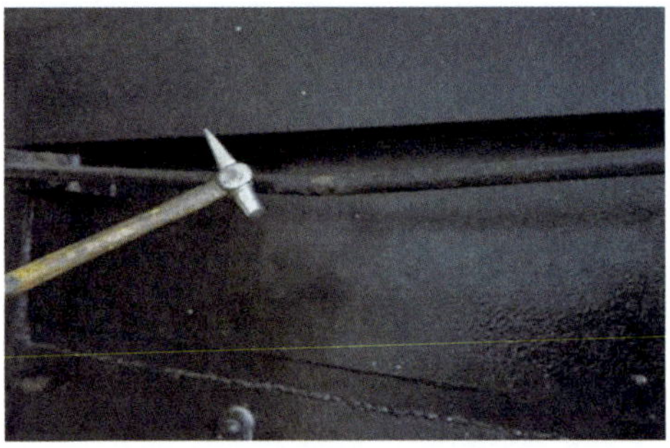
2	使用专用的调整工具进行调整	
3	调整后测量钩提杆链松余量需符合 40 ~ 55 mm 的运用限度	 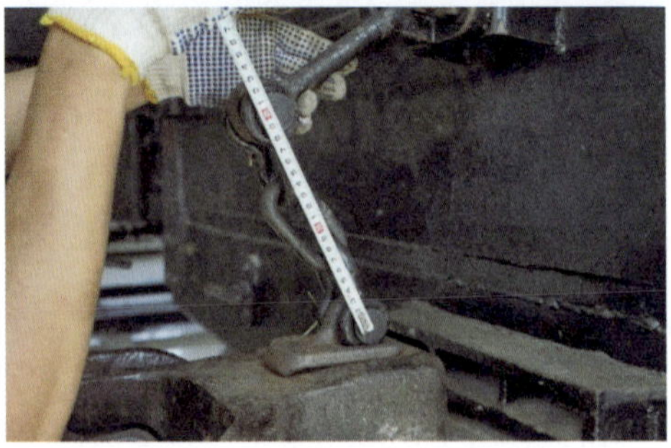

修理质量检查和确认

工长检查维修质量，钩提杆和钩提杆链松余量符合要求。

工具、量具、材料、配件回收

将工具、量具及换下的材料、配件回收，作业结束撤除防护信号，送至分存库和废旧材料存放处。

视 频

恢复钩体支撑座窜出

1.7 恢复钩体支撑座窜出

大件修

安全风险项点提示

1. 该作业由检车员自检自修完成，工长对维修质量进行检查和确认。

2. 设置千斤顶，底座平稳，镐顶接头上部须加装防滑垫，确认钩体支撑座安装状态。

3. 对钩体支撑座进行恢复时，严禁将手放入支撑座与钩身之间的空隙处。

修理流程示意图

工具、量具、材料、配件准备

↓

使用千斤顶顶起钩身

↓

恢复支撑座状态

↓

状态检查

↓

修理质量检查和确认

↓

工具、量具、材料、配件回收

工具、量具、材料、配件准备

作业人员到工具室取千斤顶及调整工具，到达作业地点。作业前确认车列两端设有防护信号，无防护信号时禁止作业。

故障修理及质量标准

序号	程　序	图　示
1	在冲击座与钩肩之间的钩身下部中心位置设置千斤顶，底座平稳，镐顶接头上部须加装防滑垫	
2	使用专修工具扳手调整千斤顶的高度，起千斤顶使车钩离开钩体支撑座，调整钩体支撑座	

续上表

序号	程　　序	图　　示
2		

修理质量检查和确认

工长检查维修质量，钩体支撑座正位良好。

工具、量具、材料、配件回收

将工具、量具及换下的材料、配件回收，作业结束撤除防护信号，送至分存库和废旧材料存放处。

1.8 恢复钩尾框托板窜出

大件修

视 频

恢复钩尾框托板窜出

安全风险项点提示

1. 该作业由检车员自检自修完成,工长对维修质量进行检查和确认。

2. 设置千斤顶,底座平稳,镐顶接头上部须加装防滑垫,确认钩尾框托板安装状态。

3. 对钩尾框托板进行恢复时,严禁将手放入钩尾框托板与钩尾框之间的空隙处。

修理流程示意图

工具、量具、材料、配件准备

↓

使用千斤顶顶起钩尾框

↓

恢复钩尾框托板状态

↓

状态检查

↓

修理质量检查和确认

↓

工具、量具、材料、配件回收

工具、量具、材料、配件准备

作业人员到工具室取千斤顶及调整工具,到达作业地点。作业前确认车列两端设有防护信号,无防护信号时禁止作业。

故障修理及质量标准

序号	程　　序	图　　示
1	在钩尾框下部中心位置设置千斤顶，底座平稳，镐顶接头上部须加装防滑垫	  
2	使用专修工具扳手调整千斤顶的高度，起千斤顶使钩尾框离开钩尾框托板，恢复钩尾框托板正位	

续上表

序号	程　　序	图　　示
2		

修理质量检查和确认

工长检查维修质量,钩尾框托板正位良好。

工具、量具、材料、配件回收

将工具、量具及换下的材料、配件回收,作业结束撤除防护信号,送至分存库和废旧材料存放处。

视 频

恢复钩尾销托梁含油尼龙磨耗板窜出

1.9 恢复钩尾销托梁含油尼龙磨耗板窜出

大件修

安全风险项点提示

1. 该作业由检车员自检自修完成，工长对维修质量进行检查和确认。

2. 设置千斤顶，底座平稳，镐顶接头上部须加装防滑垫，确认钩尾框托板安装状态。

3. 对钩尾销托梁含油尼龙磨耗板进行恢复时，严禁将手放入钩尾销托梁含油尼龙磨耗板与钩尾销之间的空隙处。

修理流程示意图

工具、量具、材料、配件准备

↓

使用千斤顶顶起钩尾框

↓

对钩尾销托梁含油尼龙磨耗板恢复

↓

状态检查

↓

修理质量检查和确认

↓

工具、量具、材料、配件回收

工具、量具、材料、配件准备

作业人员到工具室取千斤顶及调整工具，到达作业地点。作业前确认车列两端设有防护信号，无防护信号时禁止作业。

故障修理及质量标准

序号	程 序	图 示
1	在钩尾框下部中心位置设置千斤顶，底座平稳，镐顶接头上部须加装防滑垫	
2	使用专修工具扳手调整千斤顶的高度，起千斤顶使钩尾框及钩尾销离开钩尾销托梁，恢复钩尾销托梁含油尼龙磨耗板正位	

修理质量检查和确认

工长检查维修质量，钩尾销托梁含油尼龙磨耗板正位良好。

工具、量具、材料、配件回收

将工具、量具及换下的材料、配件回收，作业结束撤除防护信号，送至分存库和废旧材料存放处。

视 频

更换、补装钩舌销

1.10 更换、补装钩舌销

小件修

安全风险项点提示

1. 该作业由检车员自检自修完成,同对检车员对维修质量进行检查和确认。

2. 卸除钩舌销时应使钩舌处于闭锁位,防止钩舌开锁情况下脱落。

3. 卸除开口销时用力要适当,避免作业中扭伤。

4. 补装钩舌销时要挑选同型号合格钩舌销,安装钩舌销开口销双向劈开角度不小于 60°。

修理流程示意图

工具、量具、材料、配件准备

↓

卸除钩舌销

↓

安装钩舌销

↓

修理质量检查和确认

↓

工具、量具、材料、配件回收

工具、量具、材料、配件准备

检车员到工具室(柜)取尖撬、手锤,到材料分存库取同型号合格钩舌销、开口销,到达作业地点。作业前确认车列两端设有防护信号,无防护信号时禁止作业。

故障修理及质量标准

序号	程　序	图　示
1	取出钩舌销：用尖撬从折断钩舌销车钩的下钩耳孔下方伸入钩舌销孔内，向上顶动折断的钩舌销，将折断的钩舌销从上方取出	  
2	更换、补装钩舌销：将良好钩舌销从钩舌销孔上方穿入，在钩舌销开口销孔处穿入开口销，开口销双向劈开角度不小于 60°	

续上表

序号	程　　序	图　　示
2		
3	恢复:检查车钩各部技术状态良好	

修理质量检查和确认

同对检车员检查维修质量,钩舌销型号及开口销劈开角度符合规定。

工具、量具、材料、配件回收

将工具、量具及换下的材料、配件回收,作业结束撤除防护信号,送至分存库和废旧材料存放处。

1.11 更换、补装车钩防跳插销

小件修

视 频

更换、补装车钩防跳插销

安全风险项点提示

1. 该作业由检车员自检自修完成,同对检车员对维修质量进行检查和确认。
2. 确认新品防跳插销质量标准符合规定。
3. 安装完毕后确认更换(补装)后的防跳插销作用良好。

修理流程示意图

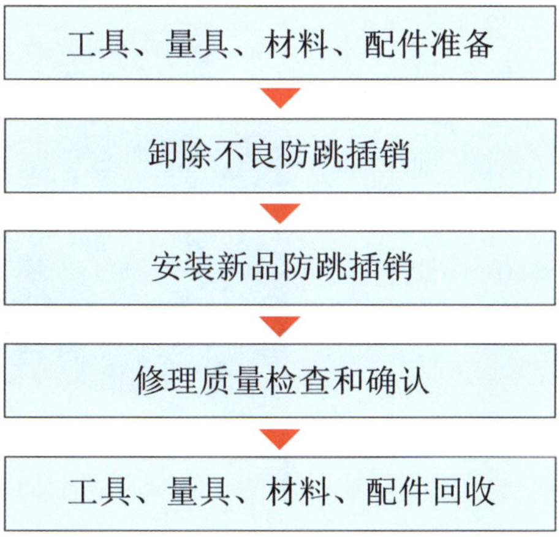

工具、量具、材料、配件准备

检车员从现场材料箱和工具箱分别取新品防跳插销、撬棍、钳子,到达作业地点。作业前确认车列两端设有防护信号,无防护信号时禁止作业。

故障修理及质量标准

序号	程　　序	图　　示
1	卸除不良防跳插销：检车员将撬棍尖部插入防跳插销吊链挂钩处，向一侧方向用力使防跳插销吊链挂钩开口达到可取下状态，取下作用不良的防跳插销。防跳插销吊链挂钩焊死的可不拆除，防跳插销丢失的无本步骤	   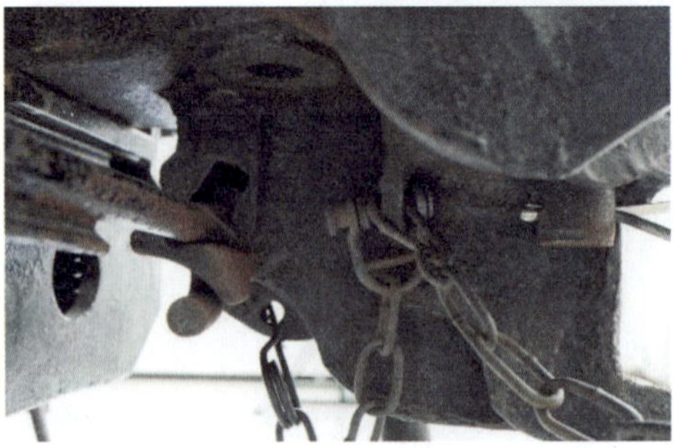

续上表

序号	程　序	图　示
2	安装新品防跳插销：检车员将防跳插销吊链挂钩挂于车钩下部的吊耳上，用钳子将防跳插销吊链挂钩开口闭合，将防跳插销插入防跳插销孔内，并确认安装后的防跳插销插设良好	 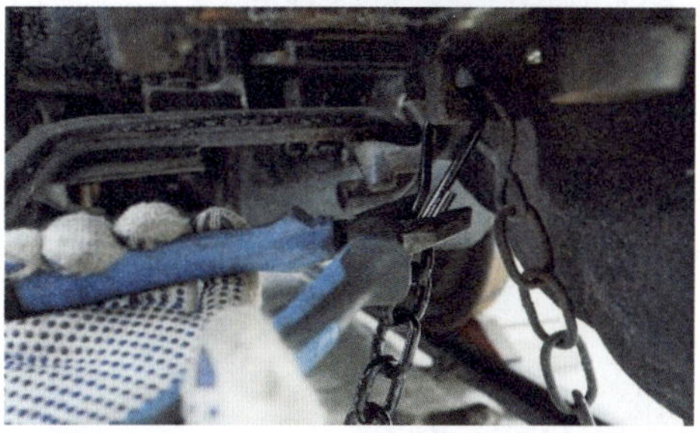 

修理质量检查和确认

同对检车员检查维修质量，防跳插销插设良好。

工具、量具、材料、配件回收

将工具、量具及换下的材料、配件回收，作业结束撤除防护信号，送至分存库和废旧材料存放处。

视 频

更换、补装钩体支撑座止挡铁

1.12 更换、补装钩体支撑座止挡铁

小件修

安全风险项点提示

1. 该作业由检车员自检自修完成，同对检车员对维修质量进行检查和确认。

2. 更换、补装钩体支撑座止挡铁后螺栓须紧固，采用开口销连接必须将开口销卷起。

3. 确认钩体支撑座止挡铁组装正位，安装螺栓无松动。

修理流程示意图

工具、量具、材料、配件准备

↓

钩体支撑座止挡铁插入止挡铁座

↓

安装组装螺栓以及开口销

↓

修理质量检查和确认

↓

工具、量具、材料、配件回收

工具、量具、材料、配件准备

检车员从现场材料箱、工具箱取良好钩体支撑座止挡铁、螺栓、螺母以及开口销。检车员自身携带检查锤、扳手等其他工具。作业前确认车列两端设有防护信号，无防护信号时禁止作业。

故障修理及质量标准

序号	程　　序	图　　示
1	检车员将选好的止挡铁放在钩体支撑座止挡铁座上,由上至下穿入螺栓和螺母	 
2	检车员使用随身携带的活口扳手紧固螺母,插入开口销并卷起	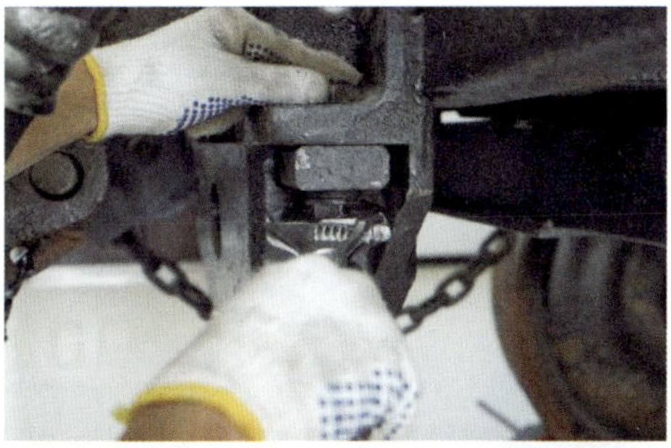 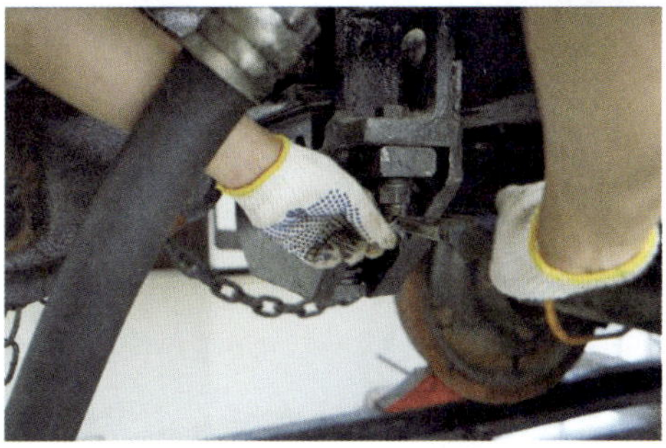

续上表

序号	程　序	图　示
2		

修理质量检查和确认

同对检车员检查维修质量，螺母无松动。

工具、量具、材料、配件回收

将工具、量具及换下的材料、配件回收，作业结束撤除防护信号，送至分存库和废旧材料存放处。

1.13 更换、补装钩提杆复位弹簧

小件修

视 频

更换、补装钩提杆复位弹簧

安全风险项点提示

1. 该作业由检车员自检自修完成，同对检车员对维修质量进行检查和确认。

2. 更换、补装钩提杆复位弹簧，采用良好钩提杆复位弹簧插入弹簧座板孔内，两端钢丝进行对折。

3. 确认钩提杆复位弹簧组装正位，无折断。

修理流程示意图

工具、量具、材料、配件准备

↓

钩提杆复位弹簧插入弹簧座板孔内

↓

对折复位弹簧两端钢丝

↓

修理质量检查和确认

↓

工具、量具、材料、配件回收

工具、量具、材料、配件准备

检车员从现场材料箱、工具箱取良好钩提杆复位弹簧。检车员自身携带检查锤、钳子等工具。作业前确认车列两端设有防护信号，无防护信号时禁止作业。

故障修理及质量标准

序号	程　　序	图　　示
1	检车员将选好的钩提杆复位弹簧由上至下穿入，插入弹簧座板孔内	 
2	检车员使用随身携带的钳子将复位弹簧两端钢丝进行对折	 

修理质量检查和确认

同对检车员检查维修质量，弹簧组装正位、无折断。

工具、量具、材料、配件回收

将工具、量具及换下的材料、配件回收，作业结束撤除防护信号，送至分存库和废旧材料存放处。

视频

更换、补装钩提杆链

1.14 更换、补装钩提杆链

小件修

安全风险项点提示

1. 该作业由检车员自检自修完成,同对检车员对维修质量进行检查和确认。

2. 更换、补装钩提杆链,采用良好钩提杆链插入钩提杆和上锁销组成安装孔内,由里(左)向外(右)安装圆销,安装垫圈以及开口销。

3. 确认钩提杆链组装正位,安装开口销双向劈开角度不小于60°。

4. 上作用车钩钩提杆链松余量为40~55 mm;装用圆孔形钩提杆座的上作用车钩钩提杆左右横动量为30~50 mm;装用钥匙孔形钩提杆座的钩提杆左右横动量为23~40 mm。

修理流程示意图

工具、量具、材料、配件准备

↓

钩提杆链插入钩提杆和上锁销组成

↓

组装圆销、垫圈、开口销

↓

修理质量检查和确认

↓

工具、量具、材料、配件回收

工具、量具、材料、配件准备

检车员从现场材料箱、工具箱取良好钩提杆链。检车员自身携带检查锤、钳子、扳手等工具。作业前确认车列两端设有防护信号,无防护信号时禁止作业。

故障修理及质量标准

序号	程　序	图　示
1	检车员将选好的钩提杆链插入钩提杆和上锁销组成安装孔内，由里（左）向外（右）安装圆销，安装垫圈以及开口销	
2	检车员使用随身携带的钳子将开口销劈开，开口销双向劈开角度不小于 60°	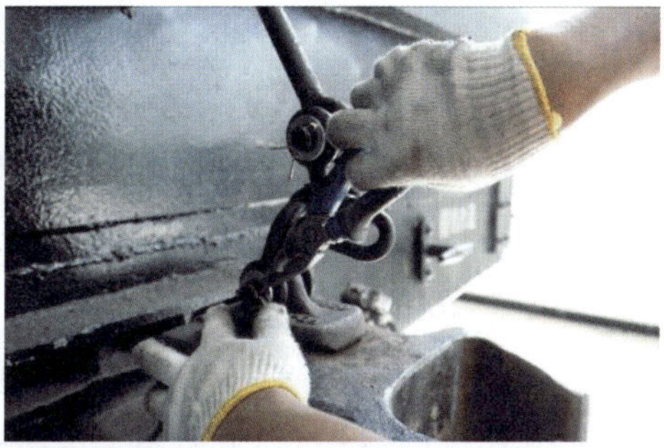
3	使用盒尺测量上作用车钩钩提杆链松余量为 40～55 mm；装用圆孔形钩提杆座的上作用车钩钩提杆左右横动量为 30～50 mm；装用钥匙孔形钩提杆座的钩提杆左右横动量为 23～40 mm	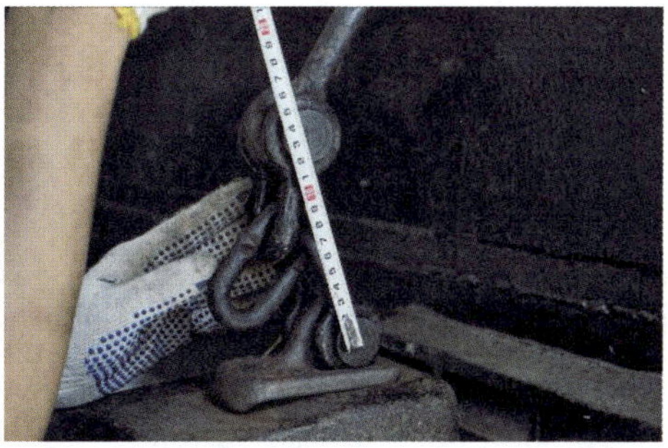

续上表

序号	程　　序	图　　示
3		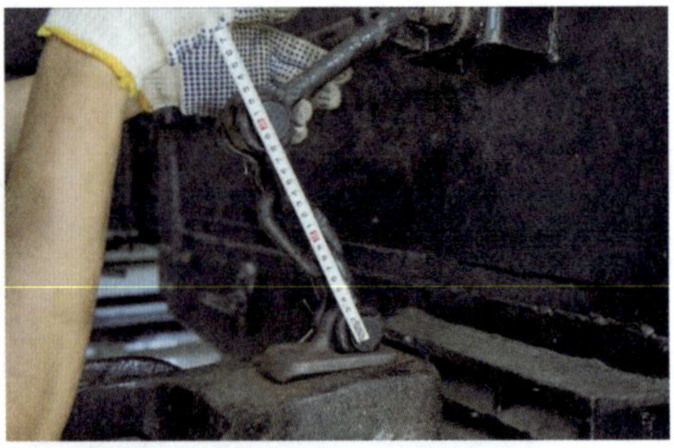

续上表

序号	程　序	图　示
3		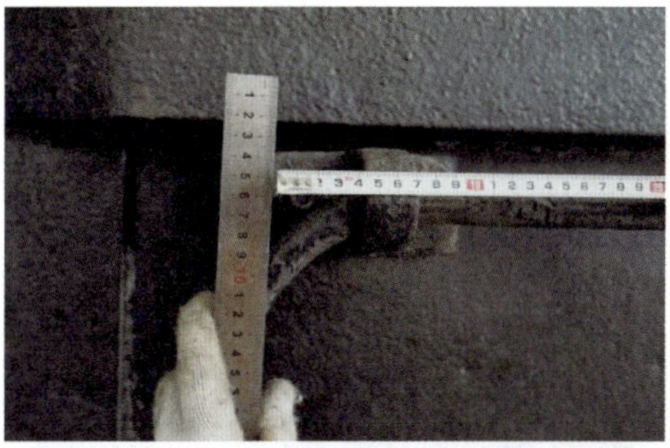   

修理质量检查和确认

同对检车员检查维修质量,钩提杆链组装正位,钩提杆链松余量和横动量符合规定。

工具、量具、材料、配件回收

将工具、量具及换下的材料、配件回收,作业结束撤除防护信号,送至分存库和废旧材料存放处。

视 频

恢复下锁销组成不正位

1.15 恢复下锁销组成不正位

小件修

安全风险项点提示

1. 该作业由检车员自检自修完成，同对检车员对维修质量进行检查和确认。
2. 使用撬棍恢复下锁销组成不正位时，要防止工件之间打滑。
3. 下锁销组成正位后，插入下锁销防跳插销。

修理流程示意图

工具、量具、材料、配件准备

↓

恢复下锁销组成不正位

↓

插入下锁销防跳插销

↓

修理质量检查和确认

↓

工具、量具、材料、配件回收

工具、量具、材料、配件准备

检车员从工具箱取撬棍。检车员自身携带检查锤、扳手等工具。作业前确认车列两端设有防护信号，无防护信号时禁止作业。

故障修理及质量标准

序号	程　序	图　示
1	使用撬棍恢复下锁销组成不正位故障	
2	插入下锁销防跳插销	

修理质量检查和确认

同对检车员检查维修质量,下锁销组成恢复到位,防跳插销插设良好。

工具、量具、材料、配件回收

将工具、量具及换下的材料、配件回收,作业结束撤除防护信号,送至分存库和废旧材料存放处。

第 2 章

制动装置（基础制动）故障处置

2.1 铁路货车基础制动基础知识

1. 基础制动装置

铁路货车基础制动装置将制动缸的推力通过各杠杆及拉杆传递、放大，使闸瓦压紧车轮踏面而实施制动，主要由杠杆、拉杆、闸瓦间隙自动调整器（以下简称闸调器）、制动梁和闸瓦等组成。基础制动装置如图 2-1 所示。

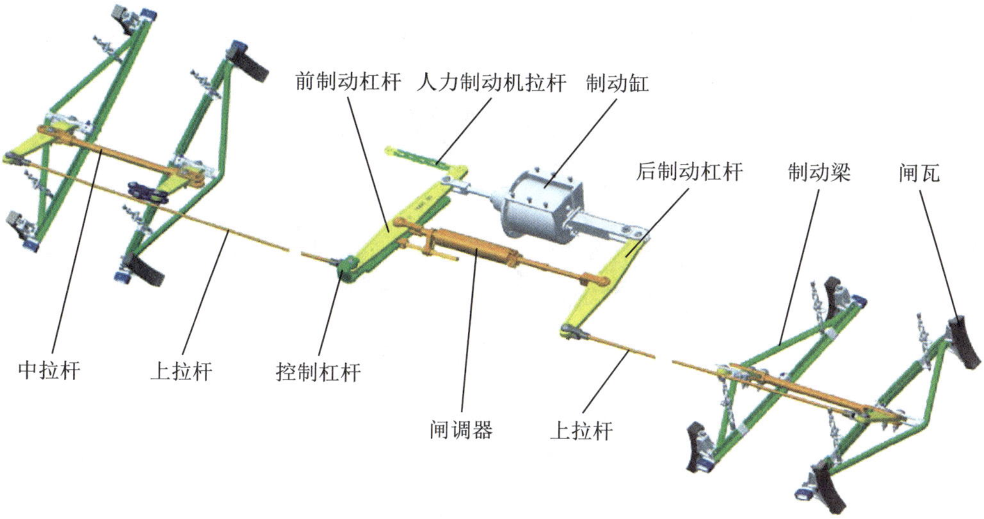

图 2-1　基础制动装置

（1）闸瓦及闸瓦插销

闸瓦的作用是在铁路车辆发生制动作用时，闸瓦抱紧车轮踏面通过摩擦使车轮停止转动。闸瓦插销是将闸瓦固定在制动梁闸瓦托上的配件，闸瓦插销插入制动梁闸瓦托与闸瓦背连接部，起到固定闸瓦的作用。闸瓦插销环的作用是防止闸瓦插销丢失。闸瓦如图 2-2 所示，闸瓦插销如图 2-3 所示，闸瓦插销环如图 2-4 所示。

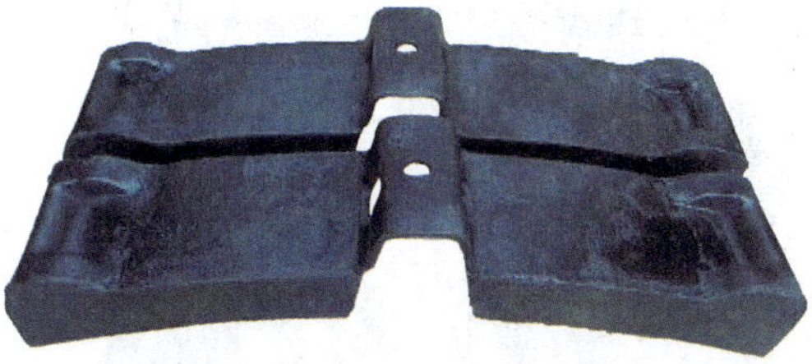

图 2-2　高摩合成闸瓦

图 2-3　闸瓦插销

图 2-4　闸瓦插销环

（2）安全索

交叉支撑装置须安装安全索，运用过程中发现下拉杆安全索、交叉杆安全索出现断丝、锁固不良时，需更换新品。安全索如图 2-5 所示。

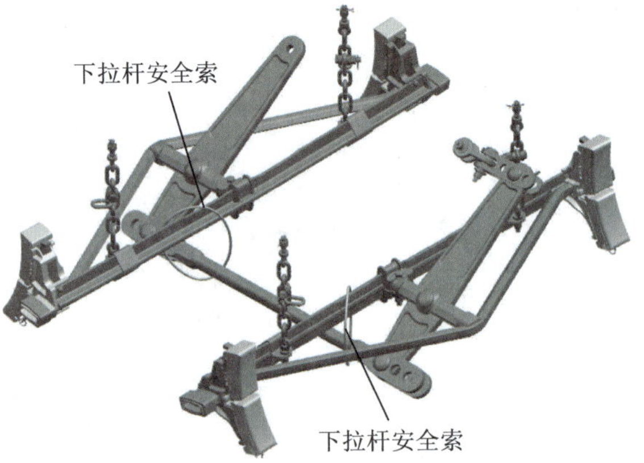

图 2-5　安全索

（3）闸调器

闸调器主要有 ST1-600 型和 ST2-250 型两种。其中 ST1-600 型闸调器螺杆连接螺母需安装定位片，确保运用过程中螺杆连接框式螺母及连接杆不脱出。ST1-600 型闸调器如图 2-6 所示，ST2-250 型闸调器如图 2-7 所示。

图 2-6　ST1-600 型闸调器

图 2-7　ST2-250 型闸调器

（4）制动梁安全链

在列检作业过程中发现安全链扭劲、缠绕，应恢复制动梁安全链正位状态。制动梁安全链脱落或螺母松动时，安装对应型号的螺母，使用扳手紧固制动梁安全链螺母，安装的开口销双向劈开角度不小于 60°。制动梁安全链如图 2-8 所示。

图 2-8　制动梁安全链

2. 人力制动机

铁路货车常用人力制动机主要有 NSW（NSW-Ⅰ）型人力制动机、FSW 型人力制动机、固定链条式人力制动机、脚踏式人力制动机、折叠链条式人力制动机、旋转（卧）式链条人力制动机、摇臂（棘轮）式链条人力制动机，分别如图 2-9～图 2-15 所示。

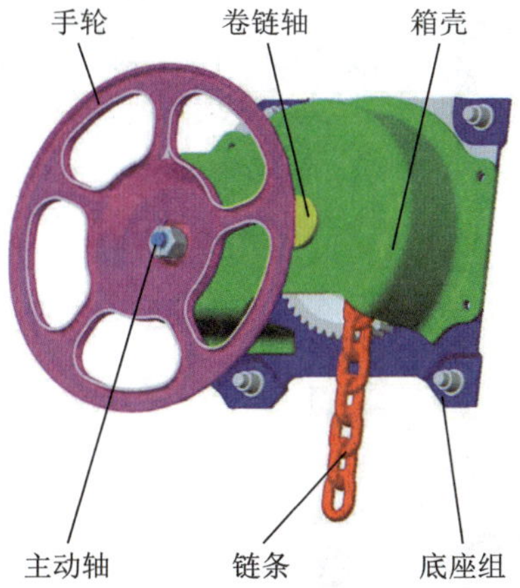

图 2-9　NSW（NSW-Ⅰ）型人力制动机

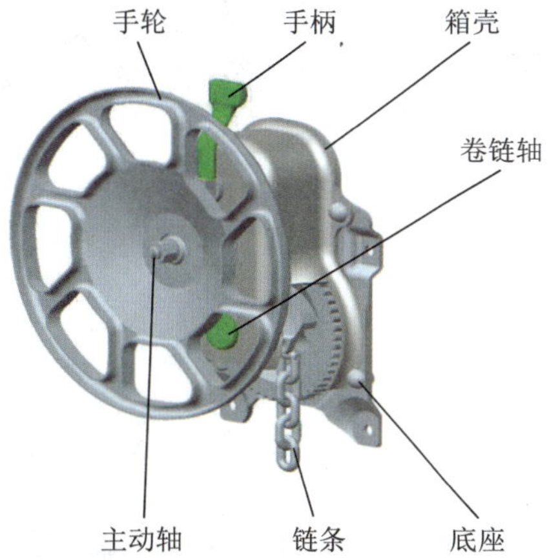

图 2-10　FSW 型人力制动机

图 2-11　固定链条式人力制动机

图 2-12　脚踏式人力制动机

图 2-13　折叠链条式人力制动机

图 2-14　旋转(卧)式链条人力制动机

图 2-15　摇臂(棘轮)式链条人力制动机

3. 集成制动装置

集成制动装置将制动缸、闸调器和制动杠杆集成在转向架上，目前有 BAB 型和 DAB 型两种，主要由制动缸、闸调器、制动梁、推杆和制动杠杆等组成。集成制动装置已在 JSQ6 型小汽车运输车、C80（H）型铝合金运煤敞车、C96（H）型运煤敞车等货车上批量使用。BAB 型集成制动装置如图 2-16 所示，DAB 型集成制动装置如图 2-17 所示。

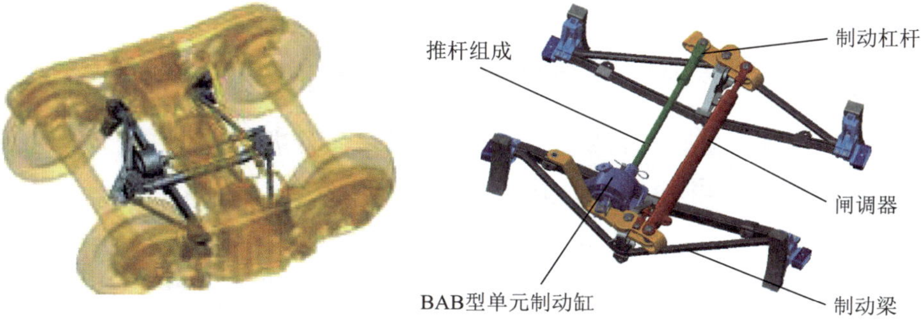

图 2-16 BAB 型集成制动装置

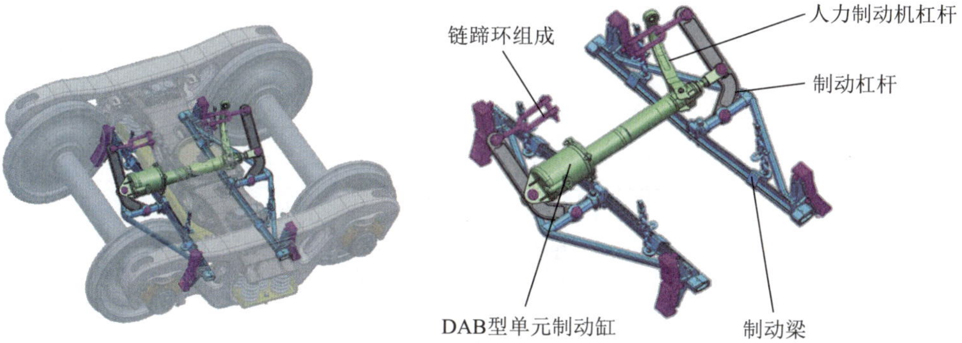

图 2-17 DAB 型集成制动装置

视 频

修复下拉杆下垂超限

2.2 修复下拉杆下垂超限

大件修

安全风险项点提示

1. 该作业由检车员自检自修完成,工长对维修质量进行检查和确认。
2. 关闭截断塞门,排净副风缸余风。
3. 将制动圆销与游动杠杆进行组装时,严禁用手指探摸眼孔。
4. 修复下拉杆下垂,组装圆销及扁开口销,扁开口销劈开卷起。
5. 修复后开启截断塞门。

修理流程示意图

工具、量具、材料、配件准备

↓

关闭截断塞门,排净副风缸余风

↓

修复下拉杆下垂超限故障

↓

组装圆销及扁开口销

↓

开启截断塞门

↓

修理质量检查和确认

↓

工具、量具、材料、配件回收

工具、量具、材料、配件准备

作业人员到工具室取手锤、尖撬,到材料分存库取圆销、扁开口销、安全锁,到达作业地点。作业前确认车列两端设有防护信号,无防护信号时禁止作业。

故障修理及质量标准

序号	程　　序	图　　示
1	关闭截断塞门，排净副风缸余风	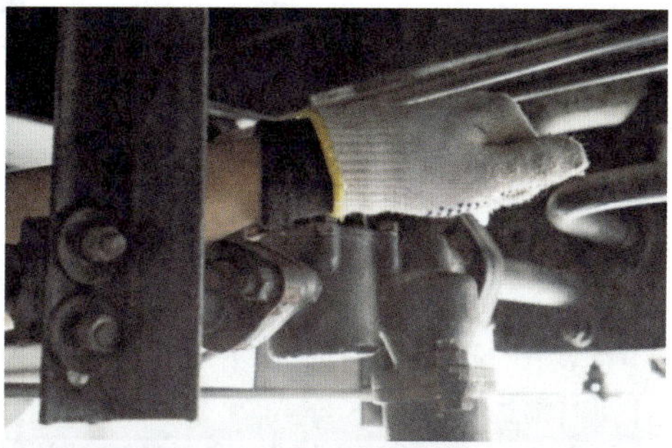  
2	修复下拉杆下垂超限故障	

续上表

序号	程　　序	图　　示
3	组装下拉杆圆销及扁开口销,圆销应由上向下穿入	
4	安全锁丢失或破损时进行补装	
5	开启截断塞门	

续上表

序号	程　序	图　示
5		

修理质量检查和确认

工长检查维修质量，下拉杆修复状态和圆销、扁开口销组装状态良好。

工具、量具、材料、配件回收

将工具、量具及换下的材料、配件回收，作业结束撤除防护信号，送至分存库和废旧材料存放处。

视 频

更换、补装闸瓦

2.3 更换、补装闸瓦

小件修

安全风险项点提示

1. 该作业由检车员自检自修完成，同对检车员对维修质量进行检查和确认。

2. 更换、补装闸瓦时，须使用有生产资质厂家的闸瓦。

3. 闸瓦装车时，瓦背上的闸瓦型号及生产厂家代码标记端，安装在制动梁闸瓦托的上端。

4. 闸瓦插销穿入闸瓦托与闸瓦的插销孔内正位入底，闸瓦插销底部环眼孔露出闸瓦托底部，同时须安装闸瓦插销环。

5. 无生产厂家和日期代码标记及标记不清的闸瓦禁止装车使用，同一制动梁两端闸瓦厚度差不得大于 20 mm。

6. 更换、补装闸瓦前，须先关闭截断塞门，排净副风缸余风。

7. 安装闸瓦时，严禁将手指伸入闸瓦与车轮踏面之间。

8. 调整闸调器时须卡紧，防止滑脱伤人。

9. 更换、补装后开启截断塞门。

修理流程示意图

工具、量具、材料、配件准备

↓

关闭截断塞门，排净副风缸余风

↓

调整闸调器

↓

卸下闸瓦插销环、闸瓦插销

↓

卸下需要更换的闸瓦并安装新闸瓦

↓

安装闸瓦插销、闸瓦插销环

↓

恢复闸调器

↓

开启截断塞门

↓

修理质量检查和确认

↓

工具、量具、材料、配件回收

工具、量具、材料、配件准备

检车员从现场材料箱、工具室取良好闸瓦及闸瓦插销环、撬棍、闸调器调整器。检车员自身携带检查锤、扳手等工具。作业前确认车列两端设有防护信号，无防护信号时禁止作业。

故障修理及质量标准

序号	程　　序	图　　示
1	关闭截断塞门，排净副风缸余风	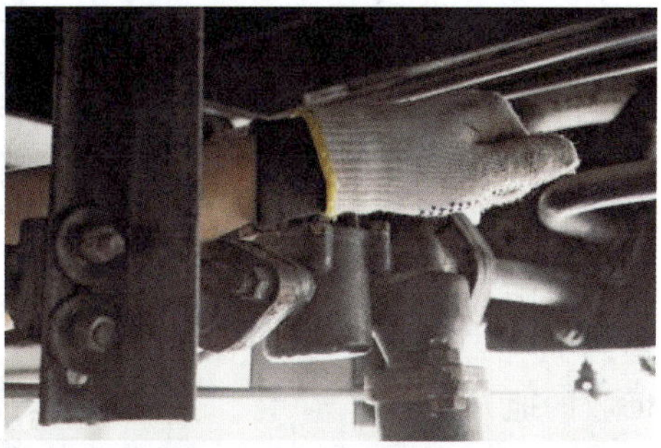 

续上表

序号	程　序	图　示
1		
2	调整闸调器：一般同侧换一块闸瓦可不用松闸调器、换两块闸瓦转动不大于 2 圈、换三块闸瓦转动不大于 4 圈，依次类推（ST2-250 型闸调器，检车员需用闸调器调整器调整；ST1-600 型闸调器，检车员需用手抓住外体手柄进行松动调整）	
3	卸下闸瓦插销环：使用检查锤卸下闸瓦插销环，放在便于回收的地方	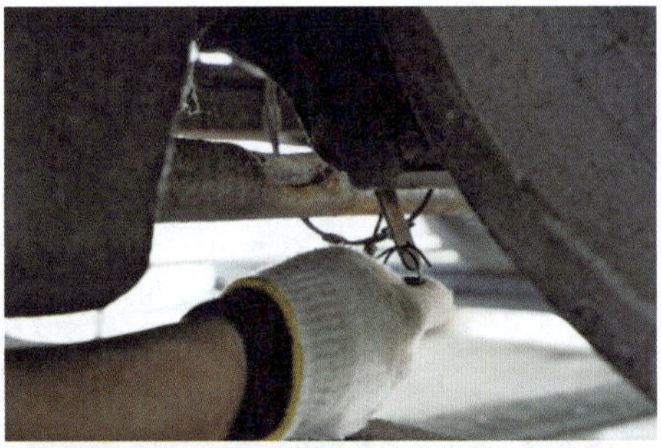

续上表

序号	程　序	图　示
4	卸下闸瓦插销：将闸瓦插销拔出，闸瓦插销底部弯曲时，用扳手将其扳至接近于正常或标准状态，然后卸下。如仍不能卸下，则用检查锤头部用力向上敲打闸瓦插销头部或底部，直到卸下为止	  
5	卸下需更换的闸瓦：用撬棍撬开闸瓦托，使闸瓦与踏面出现间隙，将撬棍伸入闸瓦与车轮踏面间，以踏面为支点向闸瓦托一侧用力撬开闸瓦；将检查锤头部伸入闸瓦下部向钢轨外侧勾拉闸瓦。卸下闸瓦放在便于回收的地方	

续上表

序号	程　　序	图　　示
5		
6	安装合格闸瓦:闸瓦厂家、型号代码标记在上,检车员一只手托住闸瓦底部,从闸瓦托下部由下向上沿车轮踏面将闸瓦送上闸瓦托	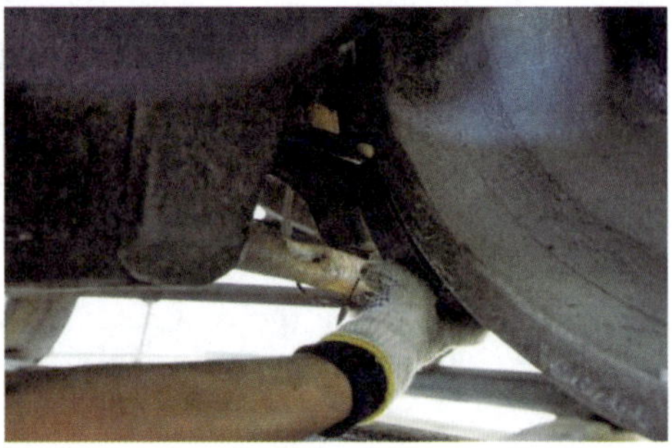
7	安装闸瓦插销:闸瓦插销穿入闸瓦托与闸瓦的插销孔内正位、入底,闸瓦插销底部环眼孔需露出闸瓦托底部	 

续上表

序号	程　　序	图　　示
8	安装闸瓦插销环：将闸瓦插销环穿入闸瓦插销底部环眼孔，然后旋转，直到闸瓦插销环另一端重新闭合；拨动闸瓦插销环不脱落，闸瓦插销环距轨面不小于 25 mm	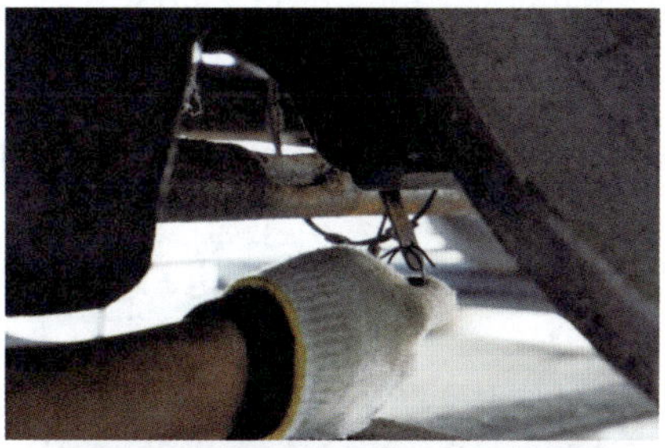 
9	恢复闸调器：转动闸调器外体，使螺杆恢复初始位置（ST2-250 型闸调器，检车员用闸调器调整器调整恢复；ST1-600 型闸调器，检车员需用手抓住外体手柄进行调整恢复）	
10	开启截断塞门：打开截断塞门手把，确认截断塞门芯刻线与车辆支管平行	 

修理质量检查和确认

同对检车员检查维修质量，截断塞门开启到位，闸瓦、闸瓦插销及闸瓦插销环安装良好，同一制动梁两端闸瓦厚度差不超限。

工具、量具、材料、配件回收

将工具、量具及换下的材料、配件回收，作业结束撤除防护信号，送至分存库和废旧材料存放处。

2.4 更换、补装安全索

小件修

视 频

更换、补装安全索

安全风险项点提示

1. 该作业由检车员自检自修完成，同对检车员对维修质量进行检查和确认。

2. 确认安全索钢丝绳无断股，端头、绳箍无松动。

3. 交叉支撑装置转向架，制动梁与交叉杆杆体应使用安全索缠绕；带下拉杆转向架，制动梁支柱与下拉杆应使用安全索缠绕。

修理流程示意图

工具、量具、材料、配件准备

↓

安装安全索体

↓

安全索端头插入绳箍

↓

修理质量检查和确认

↓

工具、量具、材料、配件回收

工具、量具、材料、配件准备

检车员到材料分存库取良好安全索，到达作业地点。作业前确认车列两端设有防护信号，无防护信号时禁止作业。

故障修理及质量标准

序号	程　　序	图　　示
1	安全索缠绕制动梁与交叉杆:将安全索钢丝绳由交叉杆底部穿过,缠绕到制动梁梁架上	
2	安全索端头插入绳箍:将安全索两个端头交叉后分别插入绳箍处,确认已经卡牢	

修理质量检查和确认

同对检车员检查维修质量,安全索安装位置正确。

工具、量具、材料、配件回收

将工具、量具及换下的材料、配件回收,作业结束撤除防护信号,送至分存库和废旧材料存放处。

2.5　更换、补装闸调器螺杆连接螺母定位片

小件修

视 频

更换、补装闸调器螺杆连接螺母定位片

安全风险项点提示

1. 该作业由检车员自检自修完成，同对检车员对维修质量进行检查和确认。
2. 关闭截断塞门，排净副风缸余风。
3. 更换、补装闸调器螺杆连接螺母定位片，采用良好定位片插入闸调器螺杆连接端头，组装开口销。
4. 确认定位片组装正位，开口销双向劈开角度不小于 60°。
5. 更换、补装后开启截断塞门。

修理流程示意图

工具、量具、材料、配件准备

↓

关闭截断塞门，排净副风缸余风

↓

定位片插入闸调器螺杆连接端头

↓

组装开口销

↓

开启截断塞门

↓

修理质量检查和确认

↓

工具、量具、材料、配件回收

工具、量具、材料、配件准备

检车员从现场材料箱取良好定位片、开口销。检车员自身携带检查锤、扳手等工

具。作业前确认车列两端设有防护信号，无防护信号时禁止作业。

故障修理及质量标准

序号	程　　序	图　　示
1	关闭截断塞门，排净副风缸余风	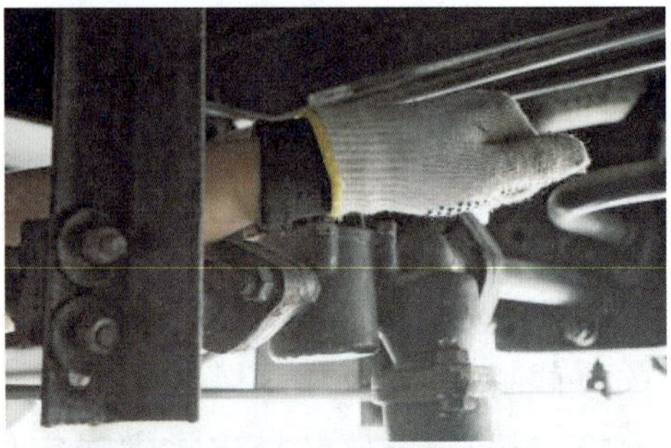  
2	将选好的定位片插入闸调器螺杆连接端头，并安装开口销	

续上表

序号	程　　序	图　　示
3	检车员使用随身携带的钳子将开口销双向劈开，并确认劈开角度不小于 60°	
4	开启截断塞门：打开截断塞门手把，确认截断塞门芯刻线与车辆支管平行	 

修理质量检查和确认

同对检车员检查维修质量，定位片组装正位，开口销双向劈开角度不小于 60°。

工具、量具、材料、配件回收

将工具、量具及换下的材料、配件回收，作业结束撤除防护信号，送至分存库和废旧材料存放处。

视 频

恢复闸瓦插销不正位

2.6 恢复闸瓦插销不正位

小件修

安全风险项点提示

1. 该作业由检车员自检自修完成，同对检车员对维修质量进行检查和确认。
2. 恢复闸瓦插销不正位前，须先关闭截断塞门，排净副风缸余风。
3. 恢复闸瓦插销时，严禁将手指伸入闸瓦与车轮踏面之间。
4. 恢复后开启截断塞门。

修理流程示意图

工具、量具、材料、配件准备

↓

关闭截断塞门，排净副风缸余风

↓

恢复闸瓦插销正位状态

↓

开启截断塞门

↓

修理质量检查和确认

↓

工具、量具、材料、配件回收

工具、量具、材料、配件准备

检车员自身携带检查锤、扳手等工具。作业前确认车列两端设有防护信号，无防护信号时禁止作业。

故障修理及质量标准

<table>
<tr><th>序号</th><th>程　　序</th><th>图　　示</th></tr>
<tr><td>1</td><td>关闭截断塞门，排净副风缸余风</td><td>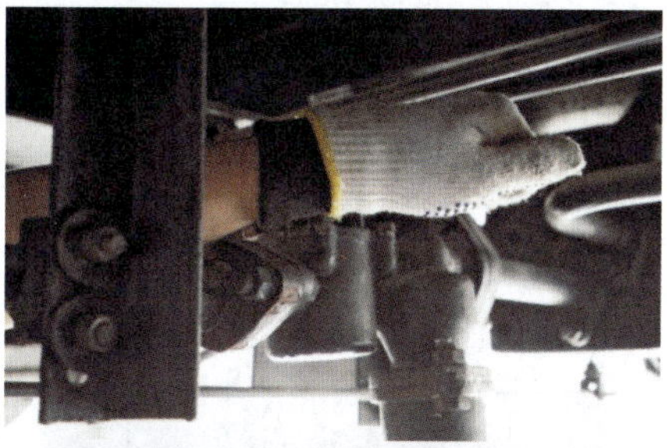

</td></tr>
<tr><td>2</td><td>卸下闸瓦插销环</td><td>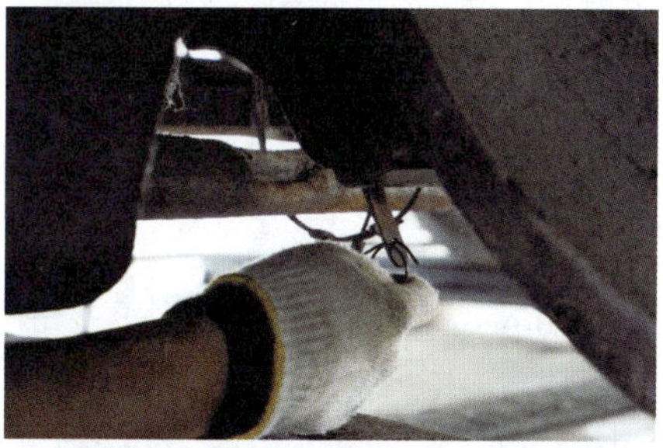
</td></tr>
</table>

续上表

序号	程　　序	图　　示
3	卸下闸瓦插销，恢复正位后，安装闸瓦插销	
4	安装闸瓦插销环	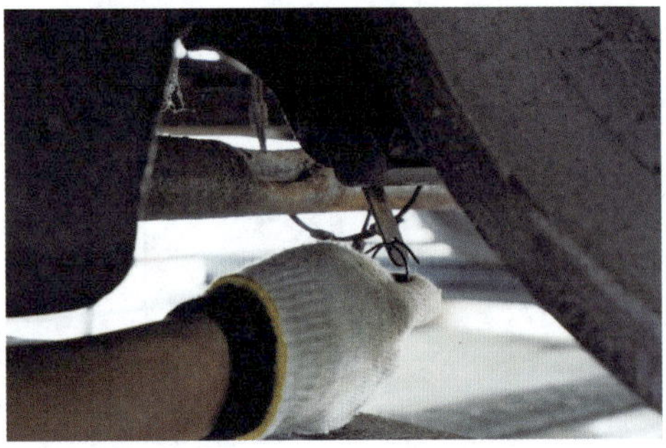
5	开启截断塞门	 

修理质量检查和确认

同对检车员检查维修质量，截断塞门开启到位，闸瓦、闸瓦插销及闸瓦插销环安装良好。

工具、量具、材料、配件回收

将工具、量具及换下的材料、配件回收，作业结束撤除防护信号，送至分存库和废旧材料存放处。

视 频

修复制动梁安全链

2.7 修复制动梁安全链

小件修

安全风险项点提示

1. 该作业由检车员自检自修完成,同对检车员对维修质量进行检查和确认。
2. 修复制动梁安全链,须先关闭截断塞门,排净副风缸余风。
3. 修复制动梁安全链时,严禁将手指伸入链环之间或螺栓孔内。
4. 修复后开启截断塞门。

修理流程示意图

工具、量具、材料、配件准备

↓

关闭截断塞门，排净副风缸余风

↓

修复制动梁安全链

↓

开启截断塞门

↓

修理质量检查和确认

↓

工具、量具、材料、配件回收

工具、量具、材料、配件准备

检车员从现场材料箱取螺母和开口销。检车员自身携带检查锤、扳手等工具。作业前确认车列两端设有防护信号,无防护信号时禁止作业。

故障修理及质量标准

序号	程 序	图 示
1	关闭截断塞门，排净副风缸余风	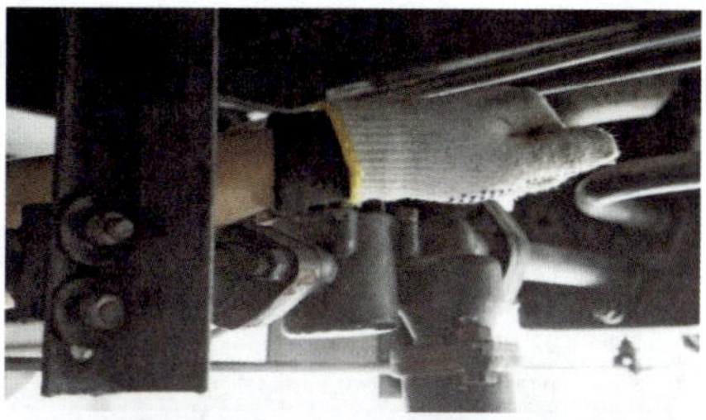  
2	恢复制动梁安全链正位状态	
3	制动梁安全链脱落时，安装对应型号的螺母；螺母松动时，使用扳手紧固制动梁安全链螺母	

续上表

序号	程　　序	图　　示
3		
4	安装开口销，开口销双向劈开角度不小于60°	
5	开启截断塞门	

修理质量检查和确认

同对检车员检查维修质量，截断塞门开启到位，螺母紧固，开口销安装良好。

工具、量具、材料、配件回收

将工具、量具及换下的材料、配件回收，作业结束撤除防护信号，送至分存库和废旧材料存放处。

视 频

修复人力制动机拉杆吊架脱落

2.8 修复人力制动机拉杆吊架脱落

小件修

安全风险项点提示

1. 该作业由检车员自检自修完成，同对检车员对维修质量进行检查和确认。

2. 修复人力制动机拉杆吊架脱落时，严禁将手指伸入吊架与拉杆之间或螺栓孔与安装座之间。

修理流程示意图

工具、量具、材料、配件准备

↓

修复人力制动机拉杆吊架脱落

↓

安装螺栓、弹簧垫圈、螺母

↓

修理质量检查和确认

↓

工具、量具、材料、配件回收

工具、量具、材料、配件准备

检车员从现场材料箱取螺栓、螺母。检车员自身携带检查锤、扳手等工具。作业前确认车列两端设有防护信号，无防护信号时禁止作业。

故障修理及质量标准

序号	程　序	图　示
1	修复人力制动机拉杆吊架脱落	
2	安装对应型号的螺栓、弹簧垫圈、螺母，使用扳手紧固	

修理质量检查和确认

同对检车员检查维修质量，螺母紧固无松动。

工具、量具、材料、配件回收

将工具、量具及换下的材料、配件回收，作业结束撤除防护信号，送至分存库和废旧材料存放处。

视 频

更换、补装人力制动机拉杆链环、螺栓、螺母、圆销、开口销

2.9 更换、补装人力制动机拉杆链环、螺栓、螺母、圆销、开口销

小件修

安全风险项点提示

1. 该作业由检车员自检自修完成,同对检车员对维修质量进行检查和确认。
2. 采用良好人力制动机拉杆链环进行组装,组装螺栓、螺母,检查螺母无松动。
3. 组装圆销、开口销,开口销双向劈开角度不小于60°。

修理流程示意图

工具、量具、材料、配件准备

↓

组装人力制动机拉杆链环

↓

组装螺栓螺母或圆销开口销

↓

修理质量检查和确认

↓

工具、量具、材料、配件回收

工具、量具、材料、配件准备

检车员从现场材料箱取良好人力制动机拉杆链环、螺栓、螺母、圆销、开口销。检车员自身携带检查锤、扳手等工具。作业前确认车列两端设有防护信号,无防护信号时禁止作业。

故障修理及质量标准

序号	程　　序	图　　示
1	将人力制动机拉杆链环进行组装,并组装螺栓螺母或圆销开口销	
2	使用随身携带的活口扳手紧固螺母或使用钳子将开口销双向劈开,并确认开口销双向劈开角度不小于 60°	

修理质量检查和确认

同对检车员检查维修质量,人力制动机拉杆链环组装正位,螺母无松动,开口销双向劈开角度不小于 60°。

工具、量具、材料、配件回收

将工具、量具及换下的材料、配件回收,作业结束撤除防护信号,送至分存库和废旧材料存放处。

第3章
制动装置（空气制动）故障处置

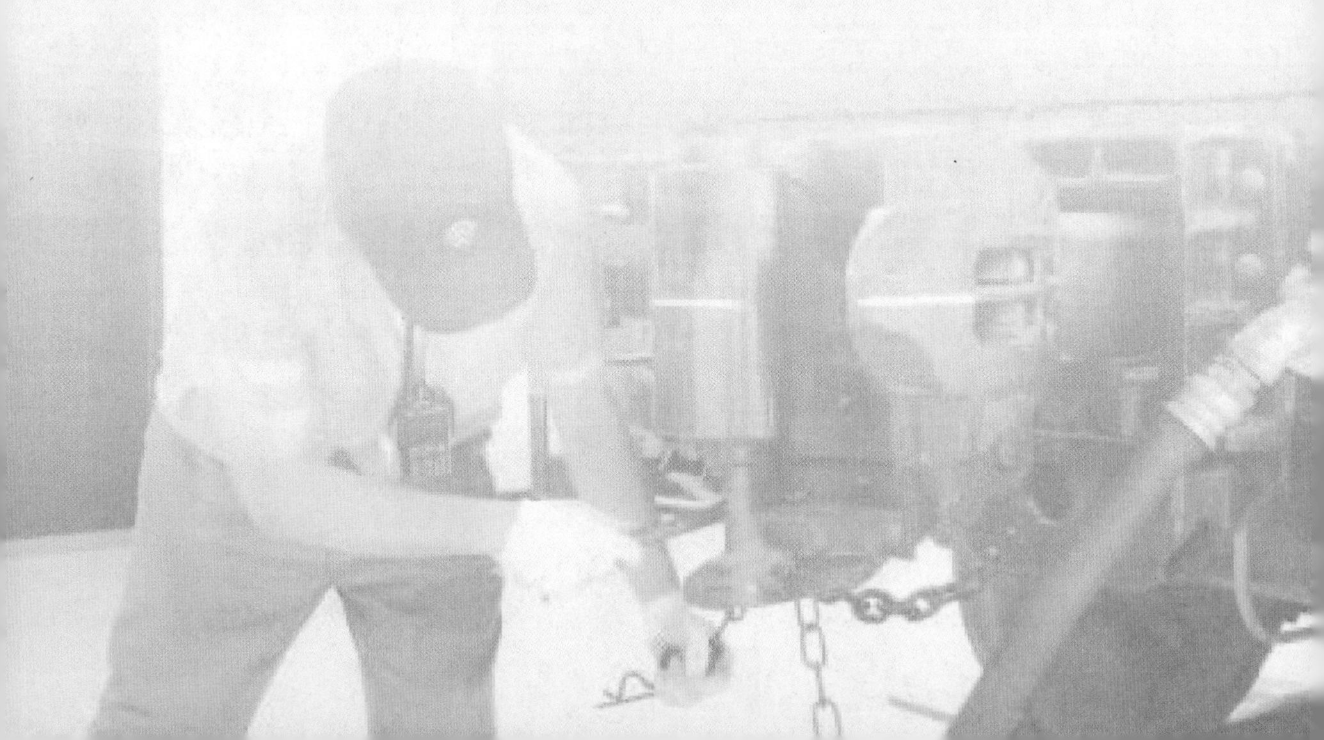

3.1　铁路货车空气制动基础知识

铁路货车空气制动装置是以压力空气作为原动力，通过空气压力变化实现铁路货车制动和缓解作用，主要由控制阀（或分配阀）、空重车自动调整装置、脱轨自动制动装置、制动缸、储风缸、制动软管、折角塞门、截断塞门、集尘器及管系等组成。空气制动装置如图 3-1 所示。

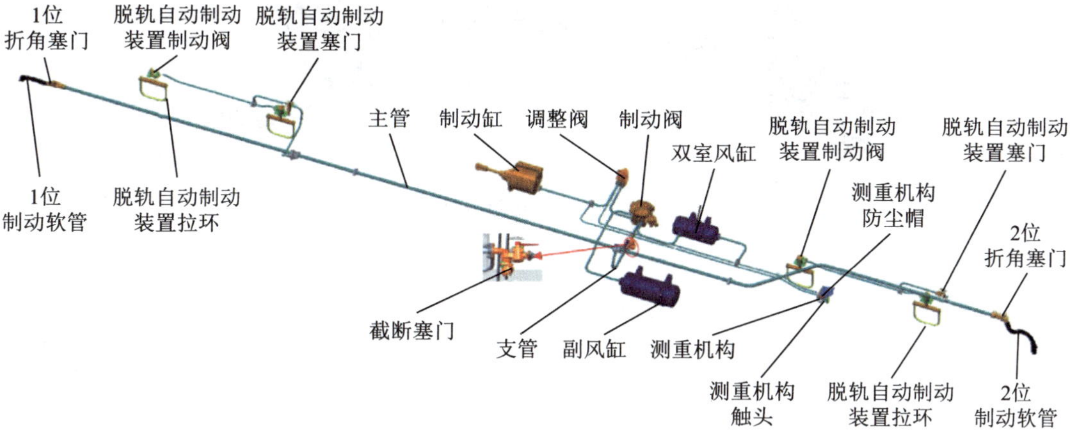

图 3-1　空气制动装置

1. 空气控制阀

空气控制阀是通过空气压力变化控制三通阀或分配阀的主活塞动作实现车辆制动、缓解与保压功能。铁路货车主型空气控制阀有 120 型和 120-1 型两种，主要由主阀、半自动缓解阀、紧急阀和中间体四部分组成。空气控制阀整体及内部组成如图 3-2、图 3-3 所示。

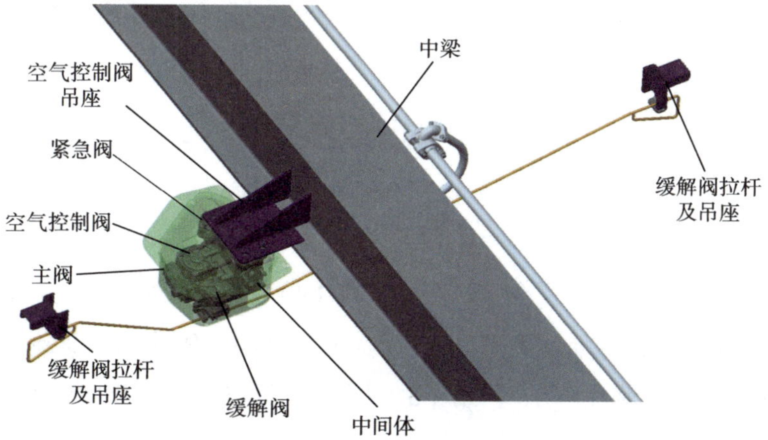

图 3-2　空气控制阀整体

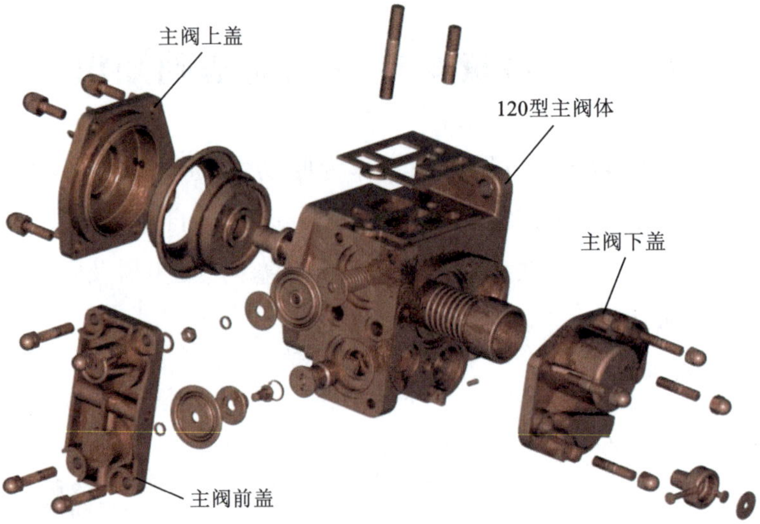

图 3-3　空气控制阀组成

2. 制动缸

制动缸主要由缸体、活塞、缸座、缓解弹簧及前盖等组成。制动缸结构及装车示意如图 3-4 所示。

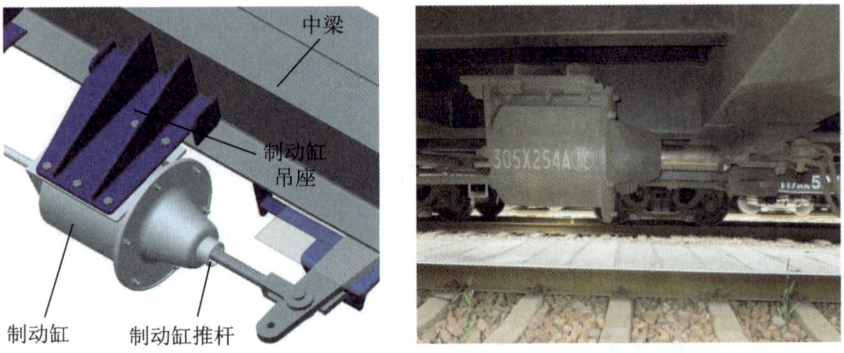

（a）制动缸结构　　（b）装车示意

图 3-4　制动缸

3. 空重车自动调整装置

空重车自动调整装置主要有 KZW-A 型和 TWG-1 型两种，由限压阀（限压阀、阀管座等）、测重机构（传感阀、支架、抑制盘、复位弹簧、触头等）及相应管路组成。KZW-A 型限压阀结构及装车示意如图 3-5 所示，测重机构结构及装车示意如图 3-6 所示。

（a）限压阀结构

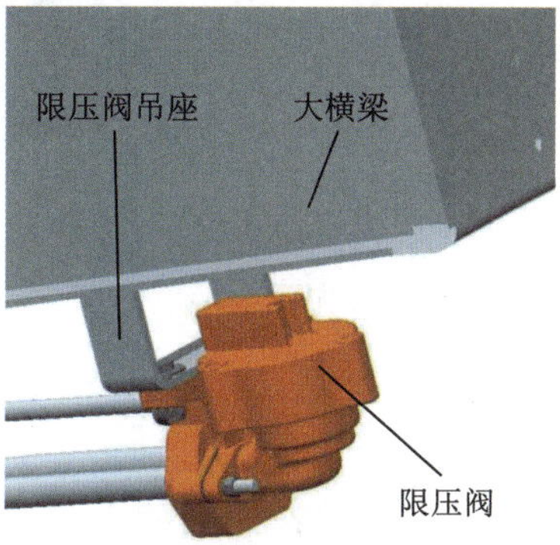

（b）装车示意

图 3-5　KZW-A 型限压阀

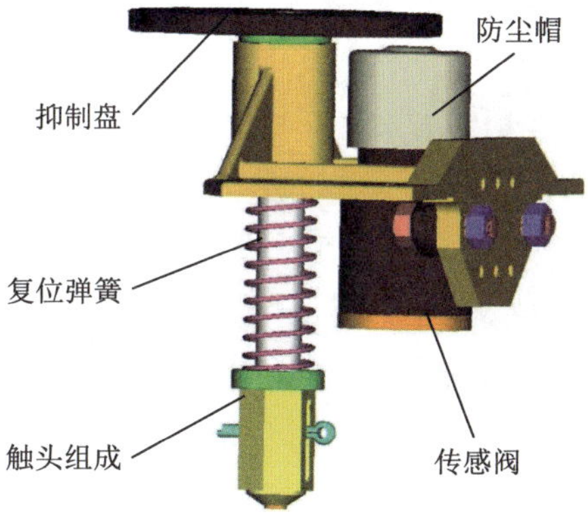

（a）测重机构结构

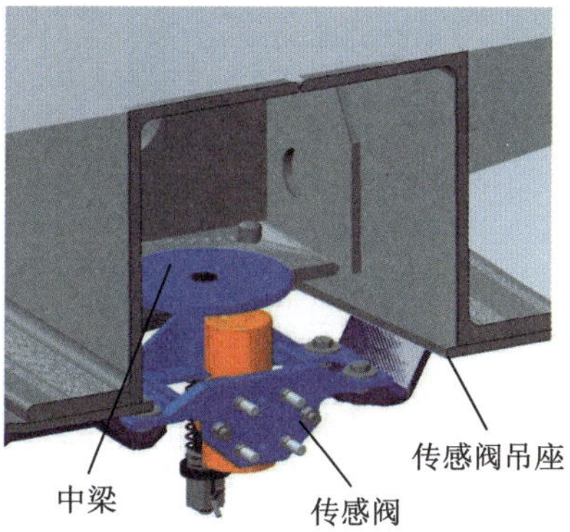

（b）装车示意

图 3-6　测重机构

4. 储风缸

储风缸一般由封头、缸体、排水座、管座或法兰焊接组成。按结构形式可分为单室储风缸和多室储风缸，按功能用途可分为副风缸、降压风缸和加速缓解风缸。目前，我国铁路新造货车广泛采用不锈钢嵌入式储风缸代替传统的吊带安装储风缸和焊装有角形安装座的储风缸。储风缸如图 3-7 所示。

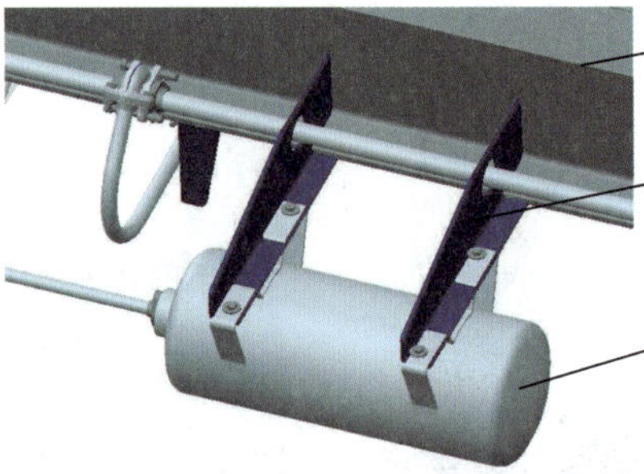

图 3-7 储风缸

5. 组合式集尘器

组合式集尘器安装于制动主管与制动阀之间的制动支管上，具有截断塞门和集尘器的双重作用，主要由集尘器体、密封座、球芯、垫圈、密封圈、拨芯轴、密封垫、盖、手把、集尘盒和止尘伞等零部件组成。组合式集尘器如图 3-8 所示。

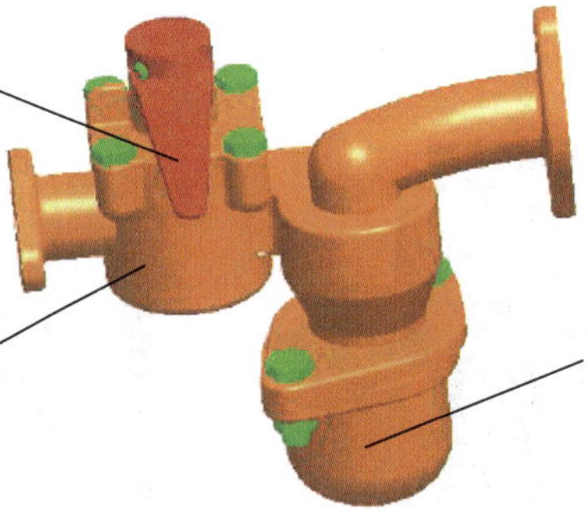

图 3-8 组合式集尘器

6. 折角（直端）塞门

折角（直端）塞门安装于车辆制动主管两端，具有连接制动主管和制动软管总成、控制车辆之间制动主管通断作用的功能，主要由塞门体、手把、锁紧螺帽、球芯、盖等组成。折角（直端）塞门如图 3-9、图 3-10 所示。

图 3-9 不锈钢球芯折角塞门

图 3-10 不锈钢球芯直端塞门

7. 制动软管总成

制动软管总成安装于车辆制动主管两端，主要作用是连接机车及车辆间主管、传递压力空气，制动软管总成主要由橡胶软管及波纹接头等组成。制动软管总成如图 3-11 所示。

图 3-11　制动软管总成

8. 脱轨自动制动装置

脱轨自动制动装置主要作用是当列车发生脱轨事故时，沟通制动主管到大气的通路，使列车发生紧急制动。脱轨自动制动装置主要由脱轨制动阀、拉环等组成，如图 3-12 所示。

图 3-12　脱轨自动制动装置

9. 制动软管胶圈

制动软管胶圈能较好地保证两个相连的制动软管连接器间的气动密封，如图 3-13 所示。

图 3-13　制动软管胶圈

视 频

修复主管、支管、连通管漏泄

3.2 修复主管、支管、连通管漏泄

大件修

安全风险项点提示

1. 该作业由检车员自检自修完成,工长对维修质量进行检查和确认。
2. 更换法兰 E 形密封圈时,禁止使用过期 E 形密封圈,密封圈质保期为 6 个月。
3. 处理故障后,须进行持续一定时间全部试验。

修理流程示意图

工具、量具、材料、配件准备

↓

关闭截断(折角)塞门,排净副风缸余风

↓

卸下法兰、检查E形密封圈

↓

更换E形密封圈、安装法兰

↓

打开截断(折角)塞门

↓

进行持续一定时间全部试验

↓

修理质量检查和确认

↓

工具、量具、材料、配件回收

工具、量具、材料、配件准备

作业人员到工具室取扳手、专用组装 E 形密封圈工具,到材料分存库取新品 E 形密封圈,到达作业地点。作业前确认车列两端设有防护信号,无防护信号时禁止作业。

故障修理及质量标准

序号	程　序	图　示
1	关闭截断(折角)塞门,排净副风缸余风	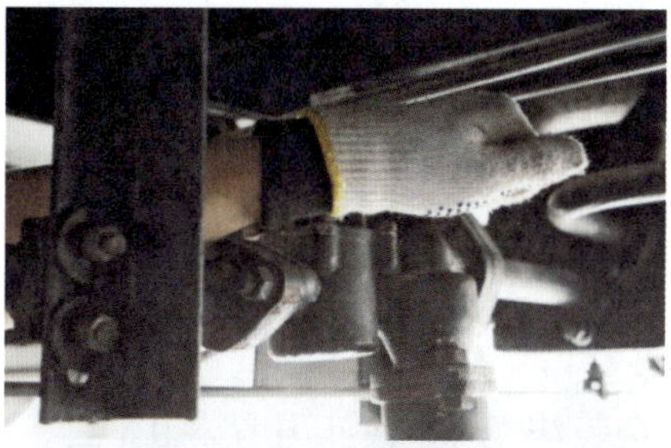
2	更换新品 E 形密封圈,密封圈质保期不超过 6 个月	
3	使用专用组装 E 形密封圈的工具,将密封圈安装在主管、支管、连通管上	

续上表

序号	程　　序	图　　示
4	安装法兰、螺栓止耳垫，组装螺栓、螺母，均匀紧固螺母，并且将止耳密贴于螺母	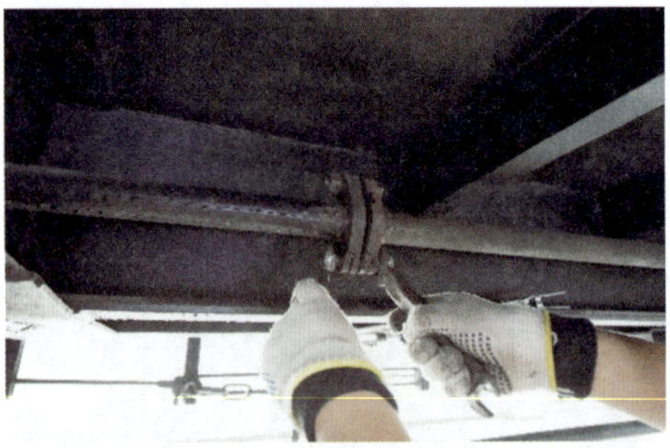 
5	打开截断（折角）塞门	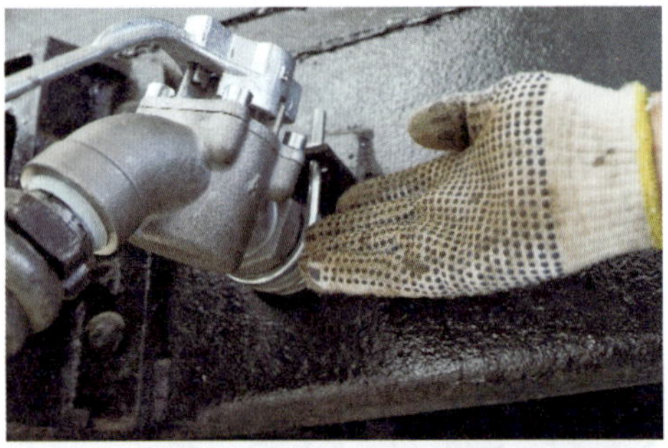 

续上表

序号	程　序	图　示
6	进行持续一定时间全部试验,检查是否有漏泄	

修理质量检查和确认

工长检查维修质量,主管、支管、连通管法兰处紧固无漏泄。

工具、量具、材料、配件回收

将工具、量具及换下的材料、配件回收,作业结束撤除防护信号,送至分存库和废旧材料存放处。

视 频

更换、补装空气制动阀主阀、紧急阀

3.3 更换、补装空气制动阀主阀、紧急阀

大件修

安全风险项点提示

1. 该作业由检车员自检自修完成，工长对维修质量进行检查和确认。
2. 使用专修工具时，严格按规定进行组装。
3. 选配与制动缸直径相符合的主阀。
4. 主阀排风装置需安装牢固，主阀螺母须采用对角紧固。
5. 缓解阀拉杆开口销双向劈开角度不小于60°。
6. 处理故障后，须进行持续一定时间全部试验。

修理流程示意图

工具、量具、材料、配件准备

↓

关闭截断塞门，排净副风缸余风

↓

组装切割工具

↓

卸除防盗罩

↓

卸下阀体

↓

配件检查

↓

安装主阀、紧急阀

↓

安装缓解阀拉杆及开口销

进行持续一定时间全部试验

修理质量检查和确认

工具、量具、材料、配件回收

工具、量具、材料、配件准备

作业人员到工具室取切割专修工具和扳手，到材料分存库取与现车制动缸配套的主阀、紧急阀、橡胶垫、滤尘网，以及 8 mm×80 mm、3 mm×50 mm 开口销各 1 个，到达作业地点。作业前确认车列两端设有防护信号，无防护信号时禁止作业。

故障修理及质量标准

序号	程　　序	图　　示
1	关闭截断塞门，排净副风缸余风	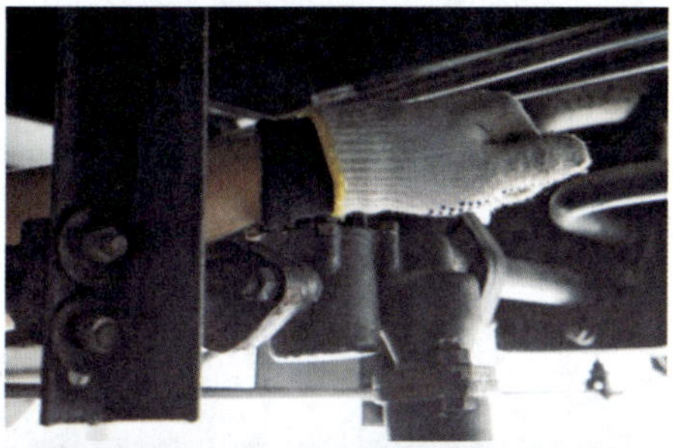  

续上表

序号	程　　序	图　　示
2	有控制阀防盗罩车辆。组装切割工具：关闭故障车辆风源侧连接处的两端折角塞门，再摘开车辆制动软管，将风动切割机连接管与有风源侧车辆制动软管连接器相连接，缓慢开启车辆折角塞门，确认接头无漏风；通知机后检车员对列车主管进行充风并试验风动切割机转速正常	—
3	卸除防盗罩：有防盗罩的空气制动阀车辆，使用切割机切割防盗罩螺栓，并卸除缓解阀拉杆开口销、卸下防盗罩	
4	卸下阀体：拆卸缓解阀手柄，使用扳手松动紧急阀或主阀紧固螺栓，取下阀体及橡胶垫	 

续上表

序号	程　　序	图　　示
4		 
5	配件检查:重点检查确认主阀及橡胶垫定检不过期,与制动缸直径配套的制动阀检查滤尘杯(网)状态,安装排风装置及缓解阀手柄	 

续上表

序号	程　　序	图　　示
5		 
6	安装主阀:将滤尘杯(网)安在主阀安装面固定位置上,将合格的主阀橡胶垫穿过中间体上的4条双头螺柱(无密封线一侧朝里,必须安装正位),密贴放在中间体的主阀安装座上(安装座表面清洁,不得粘有杂物),然后将主阀对正穿过中间体上的4条双头螺柱,安装螺母,使用扳手紧固螺母,各阀螺母须对角均匀紧固	 

续上表

序号	程　　序	图　　示
6		
7	安装紧急阀：将合格的紧急阀橡胶垫穿过中间体上的 2 条双头螺柱（无密封线一侧朝里，必须安装正位），密贴放在中间体的紧急阀安装座上（安装座表面清洁，不得粘有杂物），将滤尘杯（网）安在紧急阀安装面固定位置上，然后将紧急阀对正穿过中间体上的 2 条双头螺柱，安装螺母，使用扳手紧固螺母，各阀螺母须对角均匀紧固	

续上表

序号	程　　序	图　　示
8	安装缓解阀拉杆：安装缓解阀拉杆及开口销（开口销安装应由左至右穿入，双向劈开角度不小于60°），开启截断塞门。各配件须安装齐全、正位	   

续上表

序号	程　　序	图　　示
9	进行持续一定时间全部试验,检查是否有漏泄	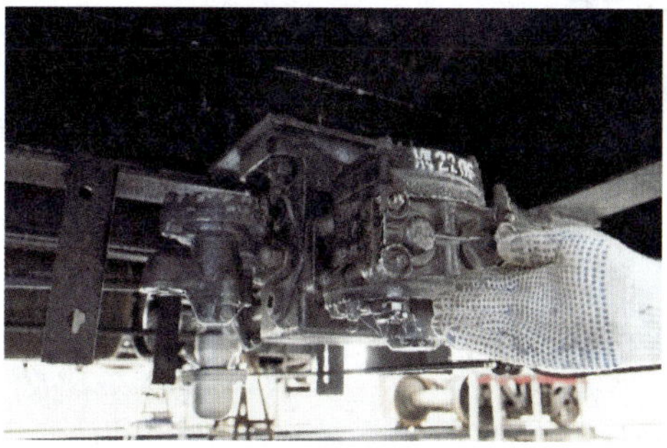

修理质量检查和确认

工长检查维修质量,主阀及紧急阀各螺栓、配件安装齐全、紧固正位。

工具、量具、材料、配件回收

将工具、量具及换下的材料、配件回收,作业结束撤除防护信号,送至分存库和废旧材料存放处。

视 频

更换、补装制动软管

3.4 更换、补装制动软管

大件修

安全风险项点提示

1. 该作业由检车员自检自修完成，工长对维修质量进行检查和确认。

2. 安装制动软管总成时，须取下防尘堵，并确认无异物进入通道，接头须牢固地安装在折角塞门口内，应注意安装角度，连接器胶圈不得反装，检修标记须清晰且不过期。

3. 处理故障后，须进行持续一定时间全部试验。

修理流程示意图

工具、量具、材料、配件准备

↓

关闭折角塞门及摘解软管连接器

↓

卸下制动软管总成

↓

安装制动软管总成

↓

进行持续一定时间全部试验

↓

修理质量检查和确认

↓

工具、量具、材料、配件回收

工具、量具、材料、配件准备

作业人员到材料分存库取同型号的制动软管总成、聚四氟乙烯、制动软管胶圈，到达作业地点。作业前确认车列两端设有防护信号，无防护信号时禁止作业。

故障修理及质量标准

序号	程　　序	图　　示
1	关闭折角（直端）塞门及摘解软管连接器：先关闭本车和相邻车的折角塞门，再摘解制动软管吊链及连接器	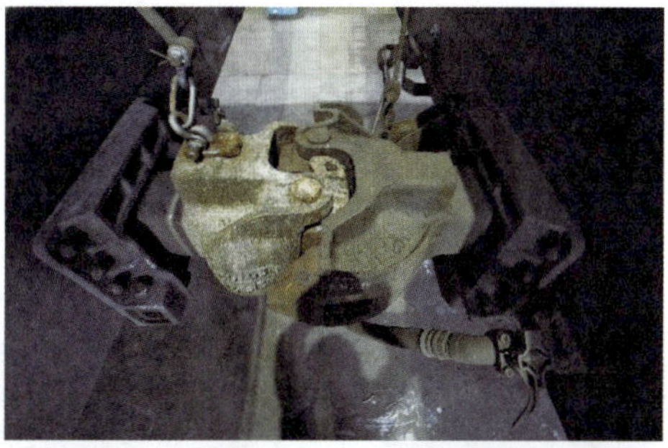 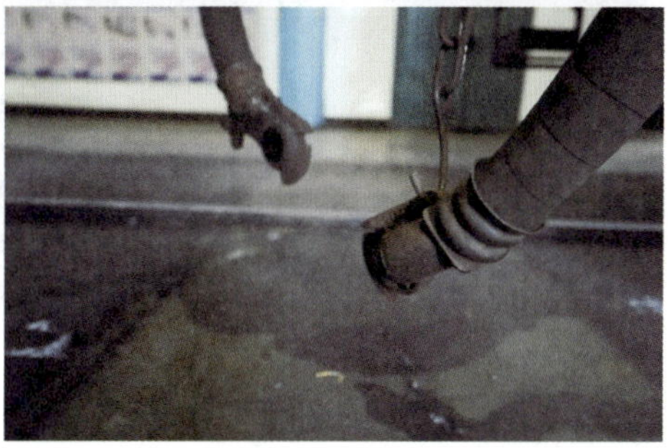
2	卸下制动软管总成：用管钳卡紧制动软管总成螺纹接头，顺时针方向卸下制动软管总成	 

续上表

序号	程　　序	图　　示
3	摘下待装制动软管总成两端防尘堵，根据车型选取制动软管总成，安装软管胶圈，制动软管螺纹处顺时针方向缠绕聚四氟乙烯薄膜，但不得超过螺纹端部。 将制动软管安装到折角塞门体内，用管钳逆时针方向进行紧固，须外露1扣以上的完整螺纹，旋入部分不得少于4扣，安装后制动软管不得回转	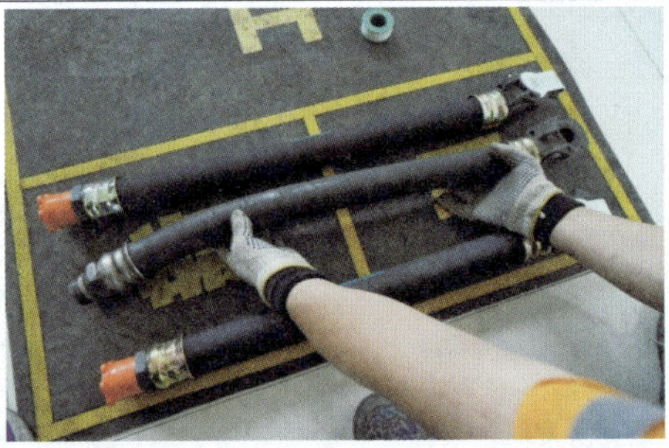    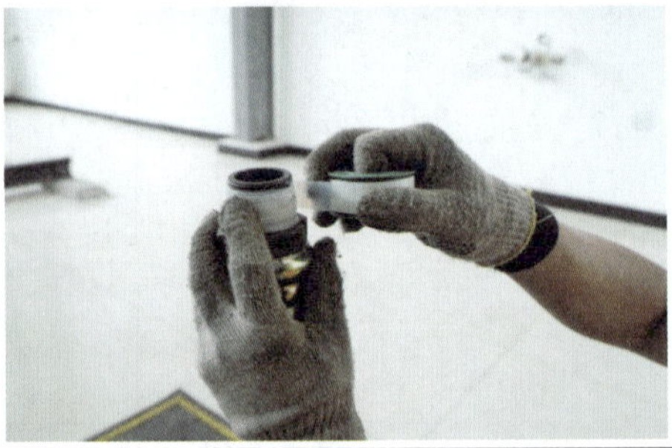

续上表

序号	程　　序	图　　示
3		
4	确认制动软管连接器连接平面与车体中心夹角须为 45°（直端塞门为 0°），连接软管总成连接器，先缓慢开启风源侧折角塞门，再开启另一侧折角塞门，确认连接器无漏泄后，连挂制动软管吊链	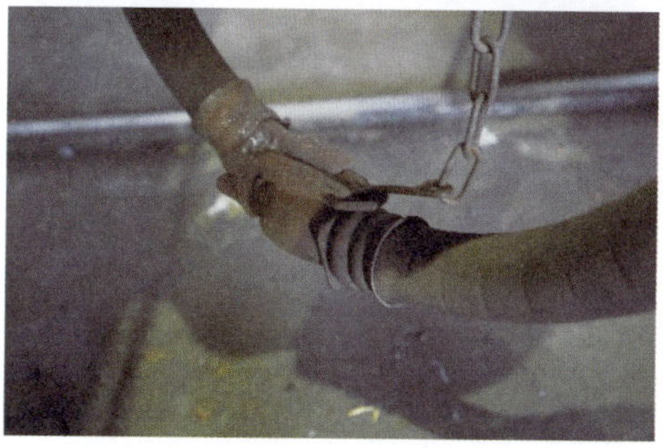

续上表

序号	程　　序	图　　示
5	进行持续一定时间全部试验,检查是否有漏泄	

修理质量检查和确认

工长检查维修质量,制动软管总成紧固无漏泄、安装正位。

工具、量具、材料、配件回收

将工具、量具及换下的材料、配件回收,作业结束撤除防护信号,送至分存库和废旧材料存放处。

3.5 更换、补装折角塞门

大件修

视 频

更换、补装折角塞门

安全风险项点提示

1. 该作业由检车员自检自修完成，工长对维修质量进行检查和确认。

2. 领取折角塞门时，须使用质保期内合格折角塞门。折角塞门装车时，折角塞门体中心线与主管垂直中心夹角须为30°（直端塞门除外）。

3. 处理故障后，须进行持续一定时间全部试验。

修理流程示意图

工具、量具、材料、配件准备

↓

关闭折角（直端）塞门及摘解软管连接器

↓

卸除制动软管及折角塞门

↓

安装制动软管及折角塞门

↓

进行持续一定时间全部试验

↓

修理质量检查和确认

↓

工具、量具、材料、配件回收

工具、量具、材料、配件准备

作业人员到工具室取管钳两把，到材料分存库取同型号折角（直端）塞门、聚四氟乙烯，到达作业地点。作业前确认车列两端设有防护信号，无防护信号时禁止作业。

故障修理及质量标准

序号	程　　序	图　　示
1	关闭折角(直端)塞门及摘解软管连接器:关闭本车两端及相邻车辆端折角塞门,拉动缓解阀排净副风缸余风	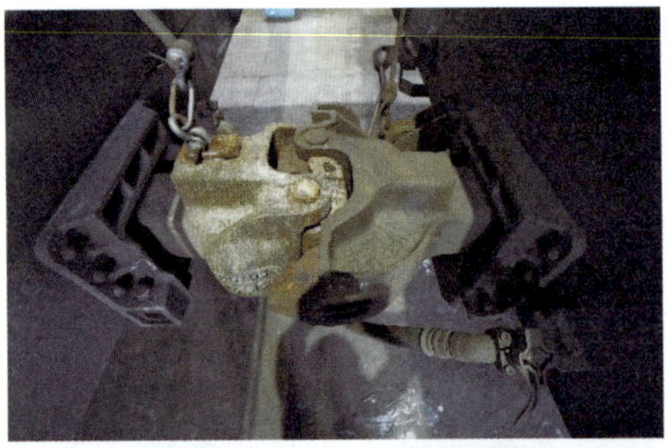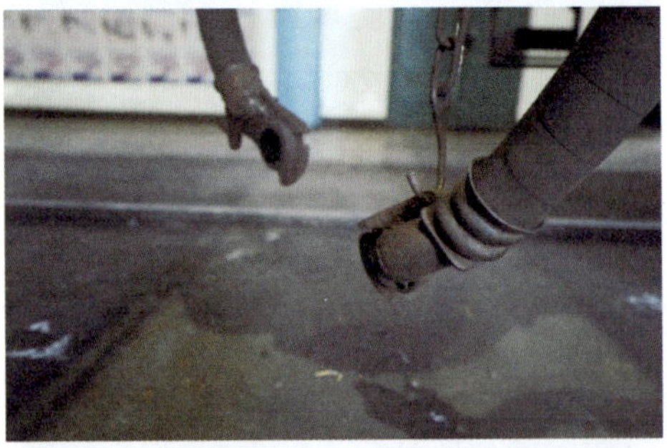

续上表

序号	程　　序	图　　示
2	卸除制动软管及折角塞门：摘开制动软管，使用管钳卸下更换折角塞门端制动软管总成，用活扳手卸除主管卡子防松扁平部分，卸下主管卡子，进入端梁内侧用管钳卡紧锁紧螺帽，再用管钳卡紧折角塞门体逆时针方向卸下折角塞门，取下锁紧螺帽	

续上表

序号	程　序	图　示
3	安装折角塞门及制动软管： 装车前须取下折角塞门外嵌式防尘装置，并确认无异物进入通道。 卸下内含压紧圈和锁紧螺帽，将锁紧螺帽螺纹朝外套入主管上，在主管上顺时针方向缠绕聚四氟乙烯薄膜，缠绕不得超过螺纹端部，在端梁内侧用管钳卡住主管，防止主管转动，将折角塞门安装到主管上，并用管钳顺时针进行紧固，安装主管卡子后，将锁紧螺帽顺时针进行紧固。 安装制动软管总成。安装折角塞门及制动软管时，制动主管及制动软管螺纹处须使用聚四氟乙烯薄膜，但不得超过螺纹端部，连接处紧固后须外露 1 扣以上的完整螺纹，旋入部分不得少于 4 扣；折角塞门体中心线与主管垂直中心夹角须为 30°。制动软管连接器连接平面与车体中心夹角须为 45°，开启关闭的折角塞门	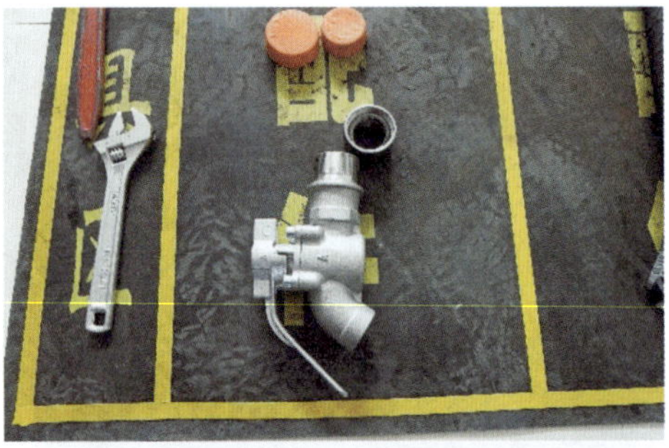   

续上表

序号	程　　序	图　　示
3		   

续上表

序号	程　　序	图　　示
3		 
4	进行持续一定时间全部试验，检查是否有漏泄	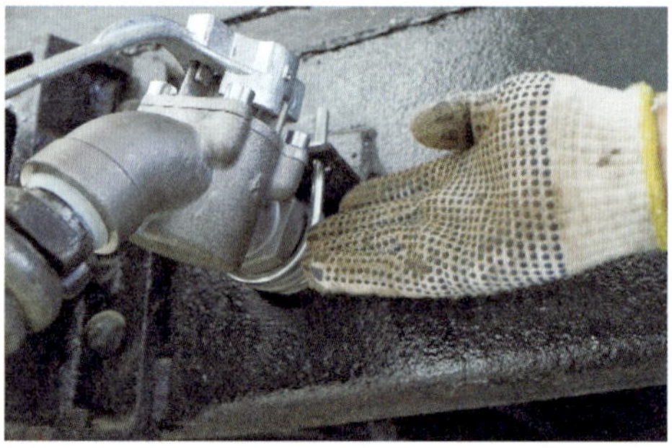

修理质量检查和确认

工长检查维修质量，折角塞门及制动软管总成紧固无漏泄、安装正位。

工具、量具、材料、配件回收

将工具、量具及换下的材料、配件回收，作业结束撤除防护信号，送至分存库和废旧材料存放处。

3.6 更换、补装截断塞门

大件修

视频

更换、补装截断塞门

安全风险项点提示

1. 该作业由检车员自检自修完成,工长对维修质量进行检查和确认。

2. 更换截断塞门时,须使用在质保期内合格的截断塞门,禁止不同型号的截断塞门互换安装使用。

3. 处理故障后,须进行持续一定时间全部试验。

修理流程示意图

工具、量具、材料、配件准备
↓
关闭折角塞门，排净副风缸余风
↓
卸除截断塞门
↓
安装截断塞门
↓
打开折角塞门
↓
进行持续一定时间全部试验
↓
修理质量检查和确认
↓
工具、量具、材料、配件回收

工具、量具、材料、配件准备

作业人员到工具室取管钳、扳手、快速棘轮扳手,到材料分存库取同型号截断塞门、E 形法兰胶垫,到达作业地点。作业前确认车列两端设有防护信号,无防护信号时禁止作业。

故障修理及质量标准

序号	程　　序	图　　示
1	关闭折角塞门,排净副风缸余风	
2	卸除截断塞门:松动截断塞门一侧支管 U 形卡子螺母,卸下法兰螺栓,卸除截断塞门	

续上表

序号	程　　序	图　　示
3	安装截断塞门：截断塞门装车前须取下外嵌式防尘装置，并确认无异物进入通道；安装截断塞门组合，需注意集尘器体上箭头方向朝主阀一侧，依次安装橡胶密封圈、接头体、法兰体及螺栓后，关闭此塞门手把。目视橡胶密封圈须高出法兰平面 1 mm 以上，但不大于 2 mm，螺栓应均匀紧固；组装法兰接头，紧固支管 U 形卡子	    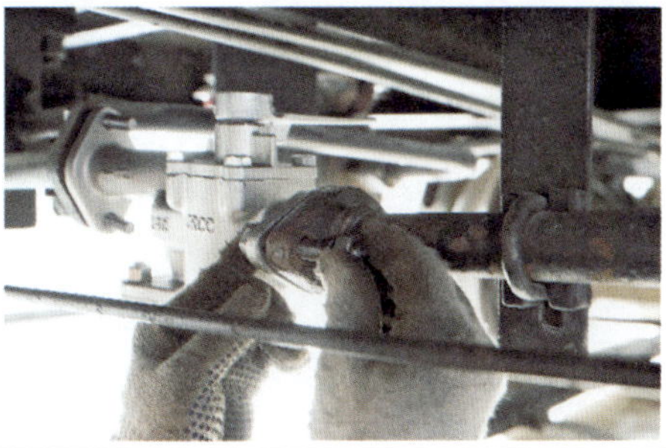

续上表

序号	程　　序	图　　示
4	开启折角塞门:先缓慢开启该车风源侧折角塞门,后开启另一侧折角塞门	
5	状态检查:先检查主管侧接头及法兰连接处漏泄情况,再缓慢开启截断塞门充风,检查制动阀侧接头及法兰连接处漏泄情况	
6	进行持续一定时间全部试验,检查是否有漏泄	

修理质量检查和确认

工长检查维修质量,截断塞门开放,支管法兰处紧固无漏泄。

工具、量具、材料、配件回收

将工具、量具及换下的材料、配件回收,作业结束撤除防护信号,送至分存库和废旧材料存放处。

视 频

更换、补装远心集尘器

3.7 更换、补装远心集尘器

大件修

安全风险项点提示

1. 该作业由检车员自检自修完成，工长对维修质量进行检查和确认。

2. 更换集尘器时，须使用质保期内的合格集尘器，禁止不同型号的集尘器互换安装使用。

3. 处理故障后，须进行持续一定时间全部试验。

修理流程示意图

工具、量具、材料、配件准备

↓

关闭截断塞门，排净副风缸余风

↓

卸下集尘盒并检查

↓

更换新集尘器

↓

打开截断塞门

↓

进行持续一定时间全部试验

↓

修理质量检查和确认

↓

工具、量具、材料、配件回收

工具、量具、材料、配件准备

作业人员到工具室取活扳手、棉布，到材料分存库取远心集尘器、T 型螺栓、集尘器密封垫,到达作业地点。作业前确认车列两端设有防护信号,无防护信号时禁止作业。

故障修理及质量标准

序号	程　　序	图　　示
1	关闭截断塞门,排净副风缸余风	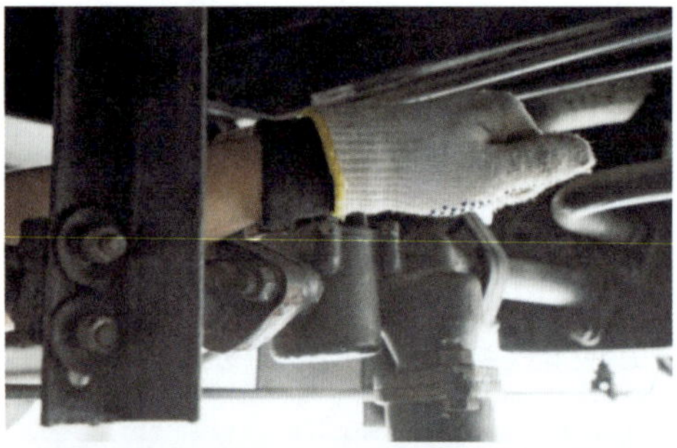
2	用扳手卸掉集尘器组装螺栓,卸下集尘盒	

续上表

序号	程序	图示
3	检查集尘器 T 型螺栓，发现滑扣或折损时更换	
4	检查集尘盒，发现裂纹时更换。用棉布清除集尘盒内的污垢和锈垢，擦拭止尘伞，确认止尘伞完好无裂纹	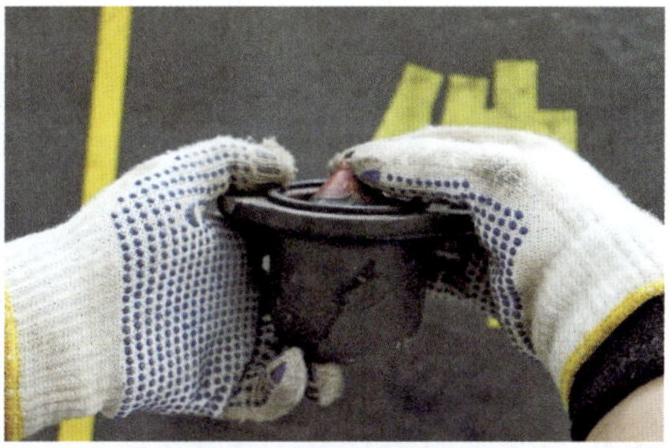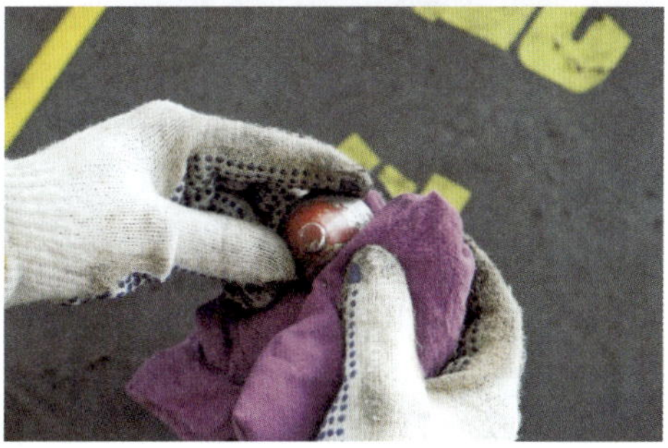
5	更换新品密封垫，气密线朝上，密封垫质保期不超过 6 个月	

续上表

序号	程　序	图　示
6	止尘伞安放正位，将集尘盒与集尘器体螺栓安装孔对齐，将T型螺栓从下向上穿入螺栓安装孔，交替、均衡紧固螺母。集尘器体垂直于地面安装，箭头方向指向制动阀一侧	   

续上表

序号	程　　序	图　　示
7	开启截断塞门	 
8	进行持续一定时间全部试验，检查是否有漏泄	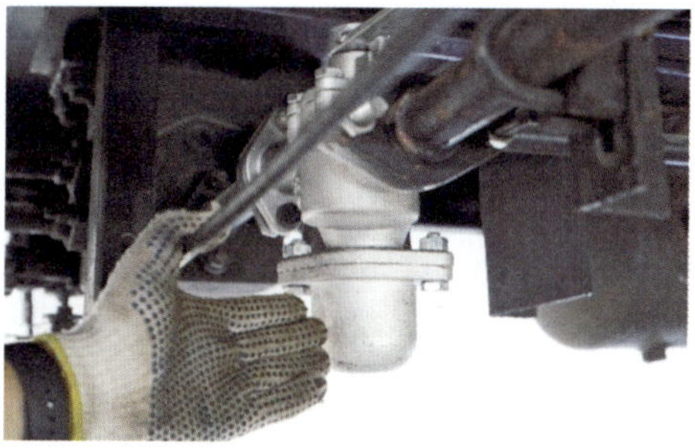

修理质量检查和确认

工长检查维修质量，截断塞门开放，集尘器处紧固无漏泄。

工具、量具、材料、配件回收

将工具、量具及换下的材料、配件回收，作业结束撤除防护信号，送至分存库和废旧材料存放处。

视 频

更换、补装各风缸堵

3.8 更换、补装各风缸堵

小件修

安全风险项点提示

1. 该作业由检车员自检自修完成，同对检车员对维修质量进行检查和确认。

2. 更换、补装各风缸堵，在风缸堵螺纹处缠绕聚四氟乙烯，将风缸堵安装在风缸安装孔处。

3. 更换风缸堵前，须先关闭截断塞门，排净副风缸余风。

4. 确认风缸堵组装正位，无漏风。

5. 更换、补装风缸堵后，须开启截断塞门。

6. 处理故障后，须进行持续一定时间全部试验。

修理流程示意图

工具、量具、材料、配件准备

↓

关闭截断塞门，排净副风缸余风

↓

风缸堵螺纹处缠绕聚四氟乙烯

↓

安装风缸堵

↓

确认风缸堵组装正位，无漏风

↓

开启截断塞门

↓

进行持续一定时间全部试验

↓

修理质量检查和确认

↓

工具、量具、材料、配件回收

工具、量具、材料、配件准备

检车员从现场材料箱取对应型号的风缸堵。检车员自身携带检查锤、钳子、扳手、聚四氟乙烯等工具。作业前确认车列两端设有防护信号，无防护信号时禁止作业。

故障修理及质量标准

序号	程　　序	图　　示
1	关闭截断塞门，排净副风缸余风	  
2	将选好的风缸堵螺纹处缠绕聚四氟乙烯，将风缸堵安装在风缸安装孔处	

续上表

序号	程　　序	图　　示
2		
3	使用扳手将风缸堵拧紧，确认风缸堵组装正位	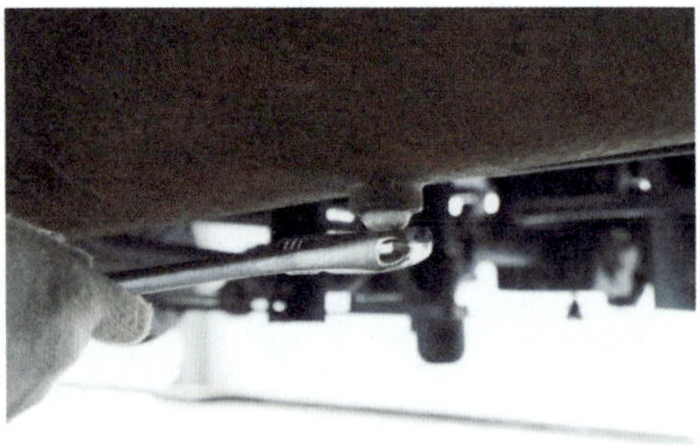
4	开启截断塞门，确认安装的风缸堵无漏风	

续上表

序号	程　　序	图　　示
5	进行持续一定时间全部试验,检查是否有漏泄	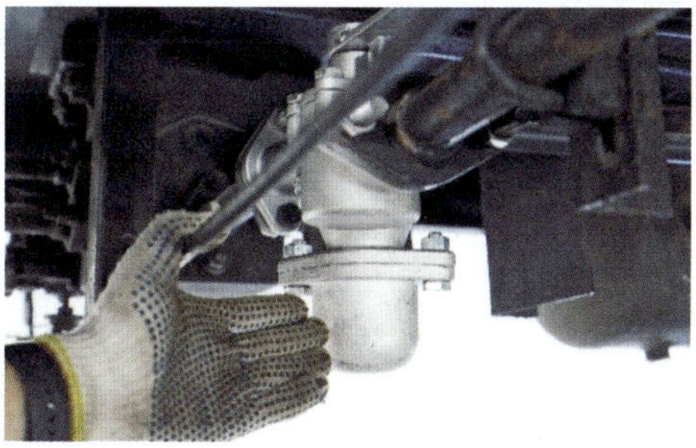

修理质量检查和确认

同对检车员检查维修质量,风缸堵安装正位无松动,无漏风。

工具、量具、材料、配件回收

将工具、量具及换下的材料、配件回收,作业结束撤除防护信号,送至分存库和废旧材料存放处。

视 频

更换、补装各管系卡子及螺母

3.9 更换、补装各管系卡子及螺母

小件修

安全风险项点提示

1. 该作业由检车员自检自修完成,同对检车员对维修质量进行检查和确认。
2. 更换、补装管系卡子及螺母,采用良好管系卡子插入卡子座板孔内,组装螺母。
3. 确认卡子组装正位,螺母紧固无松动,橡胶垫无松动。

修理流程示意图

工具、量具、材料、配件准备

↓

管系卡子插入卡子座板孔内

↓

安装螺栓

↓

修理质量检查和确认

↓

工具、量具、材料、配件回收

工具、量具、材料、配件准备

检车员从现场材料箱取同型号良好管系卡子、螺母。检车员自身携带检查锤、扳手等工具。作业前确认车列两端设有防护信号,无防护信号时禁止作业。

故障修理及质量标准

序号	程　序	图　示
1	将选好的管系卡子插入卡子座板孔内	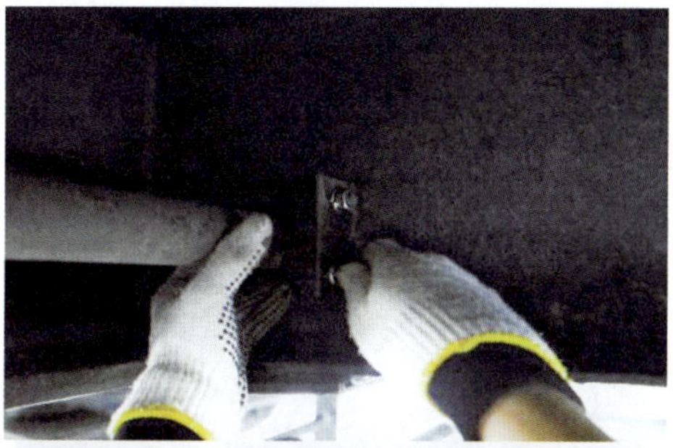 
2	使用活口扳手紧固螺母,并确认管系卡子正位,橡胶垫正位无松动	 

修理质量检查和确认

同对检车员检查维修质量，螺母以及橡胶垫无松动。

工具、量具、材料、配件回收

将工具、量具及换下的材料、配件回收，作业结束撤除防护信号，送至分存库和废旧材料存放处。

3.10 更换、补装折角塞门卡子及螺母

小件修

视 频

更换、补装折角塞门卡子及螺母

安全风险项点提示

1. 该作业由检车员自检自修完成，同对检车员对维修质量进行检查和确认。

2. 更换、补装折角塞门卡子及螺母，采用良好折角塞门卡子插入卡子座板孔内，组装螺母。

3. 确认卡子组装正位，螺母无松动。

修理流程示意图

工具、量具、材料、配件准备

↓

折角塞门卡子插入卡子座板孔内

↓

安装螺栓

↓

修理质量检查和确认

↓

工具、量具、材料、配件回收

工具、量具、材料、配件准备

检车员从现场材料箱取良好折角塞门卡子、螺母。检车员自身携带检查锤、扳手等工具。作业前确认车列两端设有防护信号，无防护信号时禁止作业。

故障修理及质量标准

序号	程　　序	图　　示
1	将选好的折角塞门卡子插入卡子座板孔内	
2	使用活口扳手紧固螺母，并且确认折角塞门卡子正位，螺母无松动	

修理质量检查和确认

同对检车员检查维修质量，螺母无松动。

工具、量具、材料、配件回收

将工具、量具及换下的材料、配件回收，作业结束撤除防护信号，送至分存库和废旧材料存放处。

3.11 更换、补装制动软管胶圈

小件修

视 频

更换、补装制动软管胶圈

安全风险项点提示

1. 该作业由检车员自检自修完成,同对检车员对维修质量进行检查和确认。
2. 处理制动软管漏风故障时,须关闭本车及邻车的折角塞门。
3. 故障处理后,先开放风源一侧的折角塞门,确认无漏泄,再开放另一侧折角塞门。
4. 故障处理后,要重点检查确认折角塞门是否开启。
5. 在简略试验过程中处理制动软管漏风故障,故障处理后,要重新进行简略试验。

修理流程示意图

工具、量具、材料、配件准备

↓

关闭折角塞门

↓

摘解软管连接器

↓

更换或补装胶圈

↓

状态检查

↓

修理质量检查和确认

↓

工具、量具、材料、配件回收

工具、量具、材料、配件准备

检车员到现场材料箱取制动软管胶圈,到达作业地点。作业前确认车列两端设有防护信号,无防护信号时禁止作业。

故障修理及质量标准

序号	程　序	图　示
1	关闭折角塞门及摘解软管连接器：先关闭本车和相邻车的折角塞门，再摘解制动软管吊链及连接器	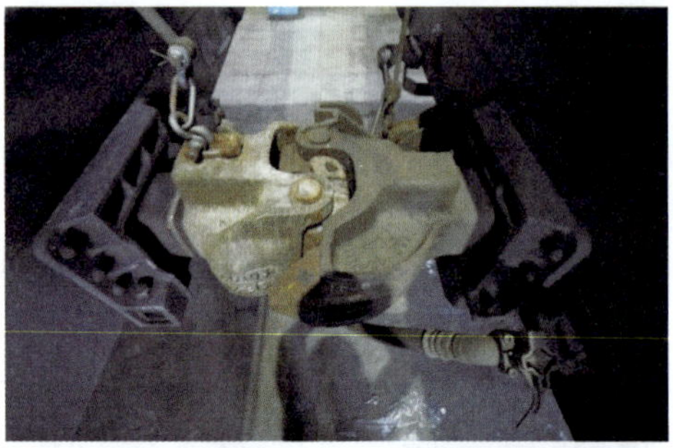 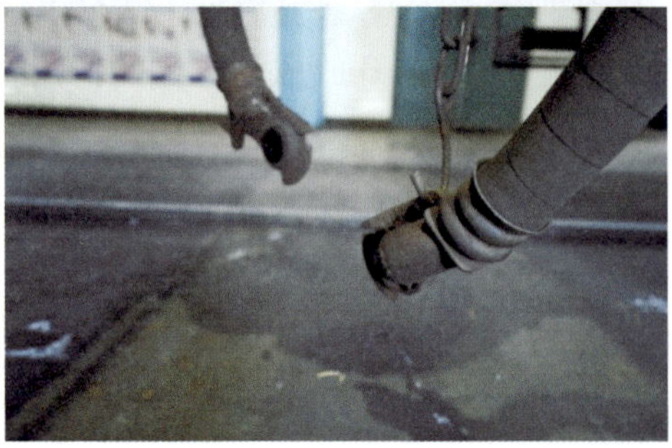
2	更换或补装胶圈：检查两车制动软管胶圈是否完好。发现胶圈破损或卷边时，更换合格胶圈；发现胶圈反装时，恢复正位；发现胶圈丢失时，补装。然后连接好两车的制动软管连接器	 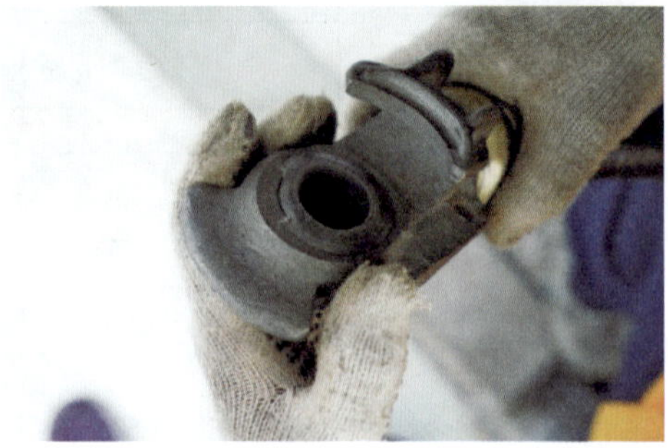

续上表

序号	程　　序	图　　示
2		 
3	状态检查:连接两车的制动软管连接器后,先缓慢开启风源侧折角塞门,再开启另一侧折角塞门,确认连接器无漏风后,连挂制动软管吊链	 

修理质量检查和确认

同对检车员检查维修质量，软管连接器无漏风，两侧折角塞门开启到位。

工具、量具、材料、配件回收

将工具、量具及换下的材料、配件回收，作业结束撤除防护信号，送至分存库和废旧材料存放处。

3.12 更换、补装折角塞门手把

小件修

视 频

更换、补装折角塞门手把

安全风险项点提示

1. 该作业由检车员自检自修完成，同对检车员对维修质量进行检查和确认。

2. 补装折角塞门手把时，手把与塞门芯子贯通线方向须保持一致，防止反位。

3. 塞门芯子与套口须使用开口销或销钉连接。

4. 安装完套口后，用开口销或销钉将折角塞门手把与套口连接，由里向外穿入开口销或销钉。

修理流程示意图

工具、量具、材料、配件准备

↓

卸除开口销或销钉

↓

安装手把

↓

修理质量检查和确认

↓

工具、量具、材料、配件回收

工具、量具、材料、配件准备

检车员到工具室取手锤、扁铲、尖撬等专修工具，到材料分存箱取同型号折角塞门手把及开口销或销钉，到达作业地点。作业前确认车列两端设有防护信号，无防护信号时禁止作业。

故障修理及质量标准

序号	程　序	图　示
1	卸除开口销或销钉：使用扁铲将开口销或销钉头去除掉，用尖撬将其卸下	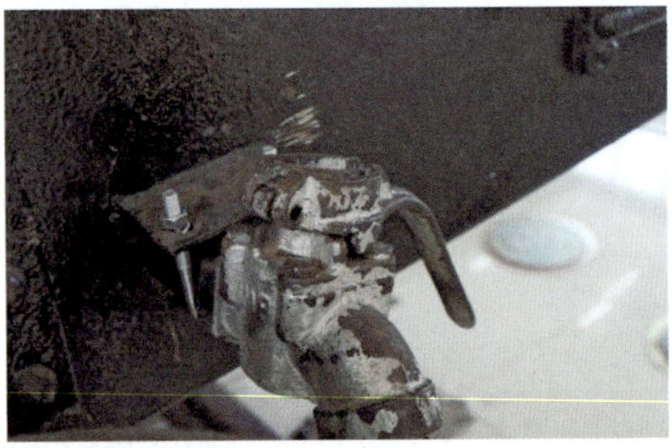
2	安装手把：补装同型号且合格的折角塞门手把，手把与塞门芯子贯通线方向须保持一致，防止反位，再由里向外穿入开口销或销钉劈开	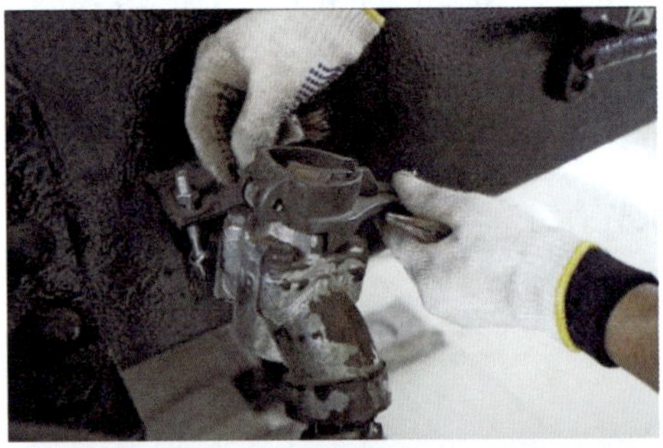
3	进行开、关试验，确认角度正确	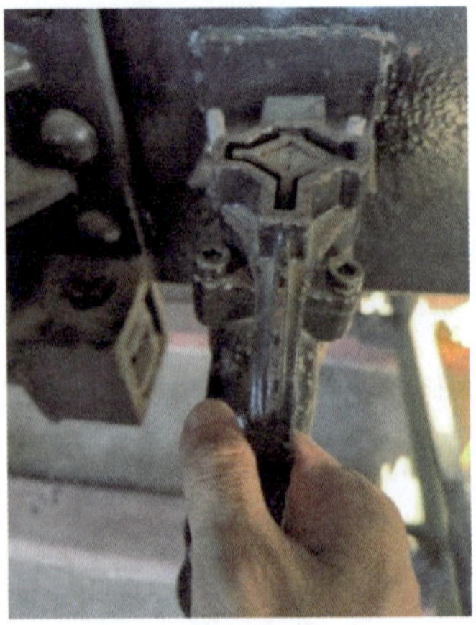

续上表

序号	程　　序	图　　示
3		 

修理质量检查和确认

同对检车员检查维修质量，折角塞门手把正位、安装牢固。

工具、量具、材料、配件回收

将工具、量具及换下的材料、配件回收，作业结束撤除防护信号，送至分存库和废旧材料存放处。

第4章

转向架故障处置

4.1 铁路货车转向架基础知识

我国铁路货车转向架型号主要有转 K2 型、转 K4 型、转 K5 型、转 K6 型、转 K7 型、DZ1～DZ6 型、控制型等。

转向架一般由四部分组成：

(1)构架部分，如铸钢侧架、拱形侧架、框架形构架、H 形构架等；

(2)摇枕弹簧减振装置，包括摇枕、弹簧、弹簧托板等；

(3)轮对轴箱装置，包括轮对、轴承、轴箱及有关配件；

(4)基础制动装置，包括制动梁、各杠杆、拉杆、闸瓦及悬挂零件等。

转向架作为车辆的走行部分，与车辆运行的平稳性和安全性有着十分密切的关系，具备以下功能：

(1)承担车辆的自重和载重，并将重量传递到钢轨上；

(2)通过安装圆形或球形心盘，使车体与转向架可自由转动，能顺利通过曲线，降低运行阻力；

(3)车辆采用转向架后，可通过增加轴数的方法来提高车辆的载重；

(4)转向架能安装弹簧及减振装置，借以缓和车辆承受的冲击和振动；

(5)转向架是一个独立的结构，易从车下推出，便于检修。

1. 转 K2 型转向架

转 K2 型转向架适用于标准轨距、轴重 21 t、最高商业运营速度 120 km/h 的各型铁路提速货车。转 K2 型转向架采用了交叉支撑装置，交叉杆从摇枕下部穿过，四个端点用轴向橡胶垫等与侧架相连接；侧架、摇枕采用 B 级钢材质铸造而成；减振装置采用整体式斜楔，摇枕八字面上焊装平板形磨耗板；基础制动装置为中拉杆结构，车体上拉杆越过摇枕与游动杠杆连接；采用两级刚度弹簧，上、下心盘之间安装含油尼龙心盘磨耗盘；采用双作用弹性旁承；采用嵌入式滑槽磨耗板，采用高摩合成闸瓦。转 K2 型转向架结构如图 4-1 所示，弹簧减振装置结构如图 4-2 所示。

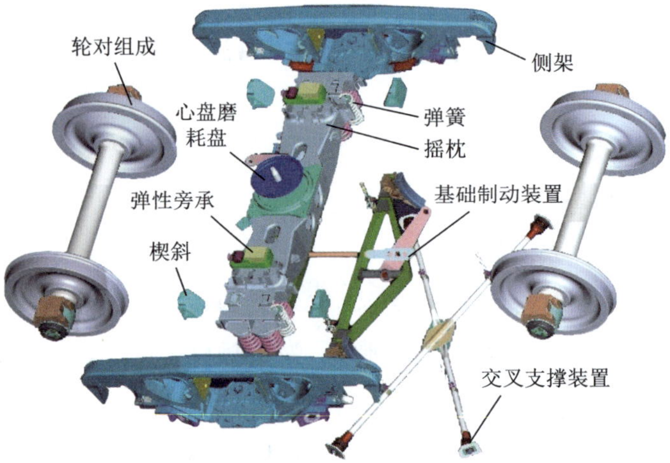

图 4-1　转 K2 型转向架

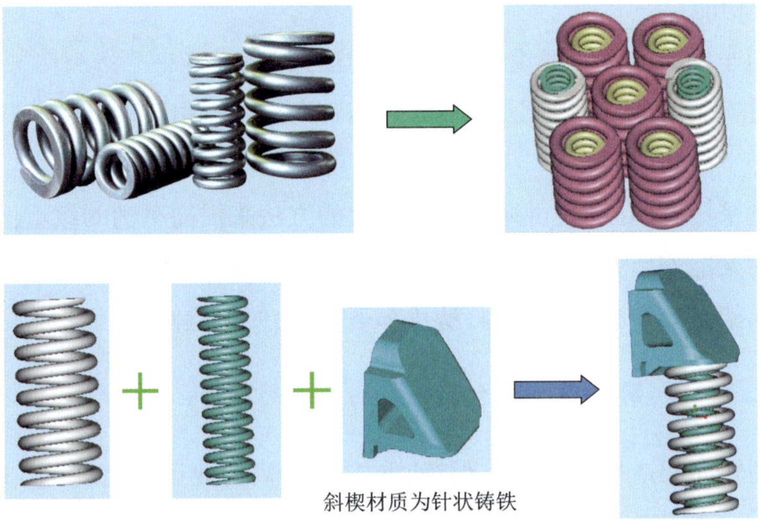

图 4-2　转 K2 型转向架弹簧减振装置

2. 转 K4 型转向架

转 K4 型转向架类似于传统铸造三大件式转向架，主要由摇枕、侧架、轮对、弹簧减振装置、基础制动装置、BD 型旁承等组成。主要特征是采用了独特的弹簧托板、摇动座等结构，使之具有更好的横向性能及其他优点。其轮轴与目前线路上运用的转 K2、转 K3 型转向架具有相同结构，但要求单个车轮的静态不平衡力矩不大于 75 g · m。转 K4 型转向架结构如图 4-3 所示，弹簧减振装置结构如图 4-4 所示，承载鞍结构如图 4-5 所示。

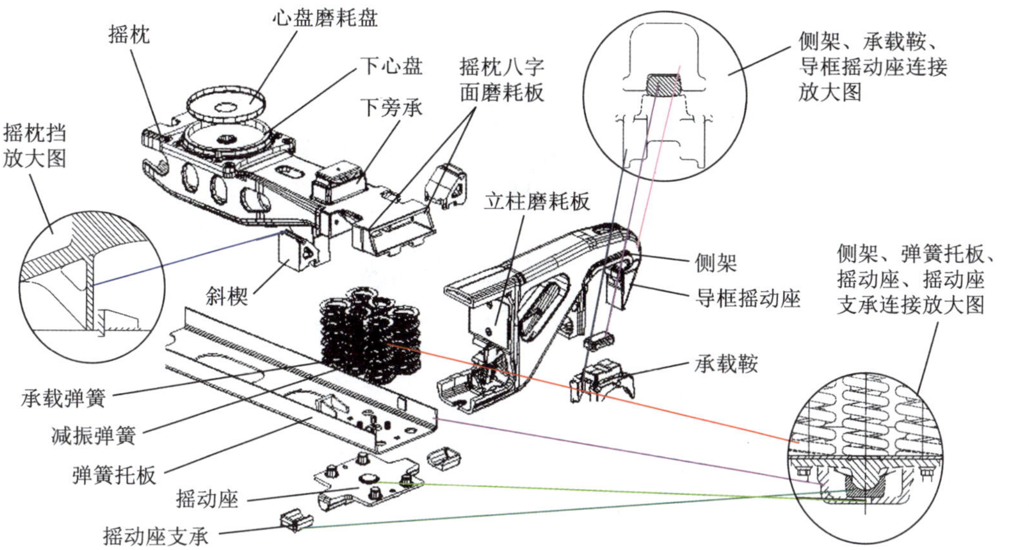

图 4-3 转 K4 型转向架

图 4-4 转 K4 型转向架弹簧减振装置

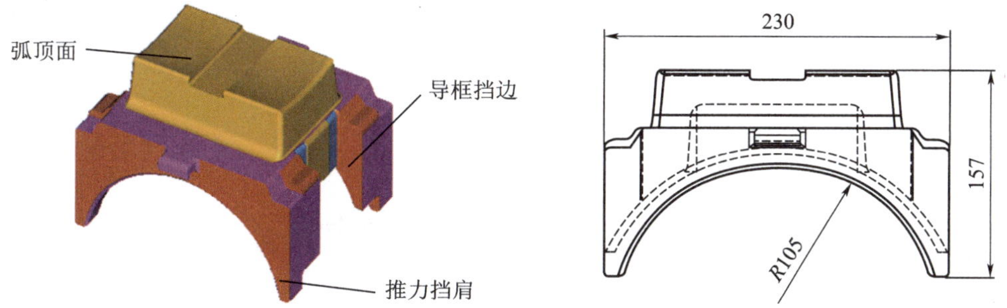

图 4-5 转 K4 型转向架承载鞍

3. 转 K5 型转向架

转 K5 型转向架的结构类似于转 K4 型转向架，主要由摇枕、侧架、轮轴、弹簧减振装置、基础制动装置、BD 型旁承和横跨梁等组成，采用了弹簧托板、摇动座等结构，使之具有更好的横向性能和其他优点。转 K5 型转向架结构如图 4-6 所示。

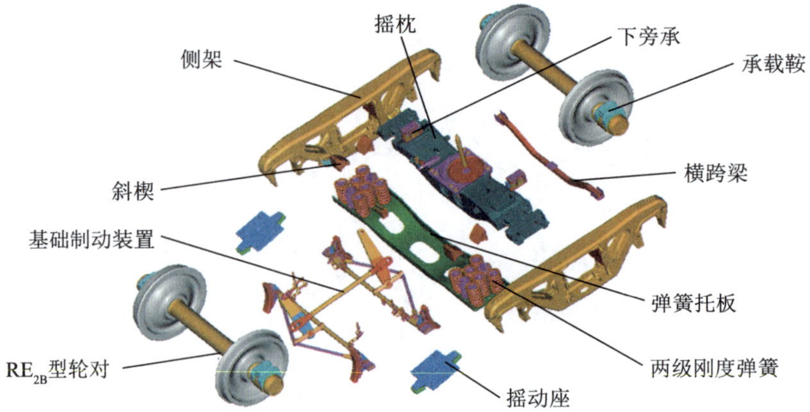

图 4-6　转 K5 型转向架

转 K5 型转向架承载鞍结构如图 4-7 所示。承载鞍的结构与转 K4 型转向架承载鞍类似，鞍顶面为经硬化处理的弧面，与导框摇动座的组合成为摆动机构的上摆点，使侧架像吊杆一样，具有摆动的功能，提高了车辆的横向性能。鞍面尺寸与进口轴承相匹配，其余按 AAR 标准设计制造，材质为 C 级钢。

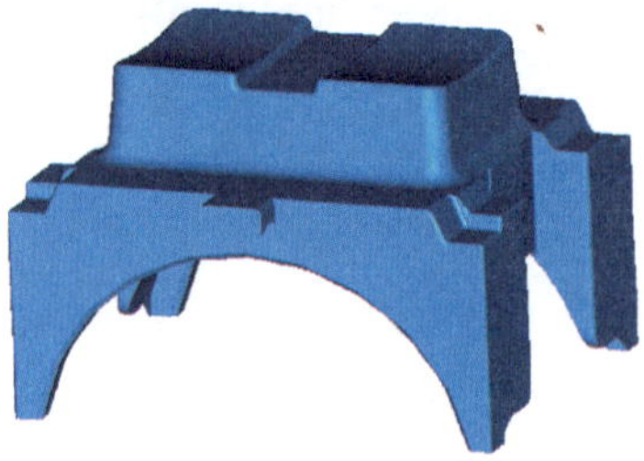

图 4-7　转 K5 型转向架承载鞍

转 K5 型转向架弹簧减振装置结构如图 4-8 所示。

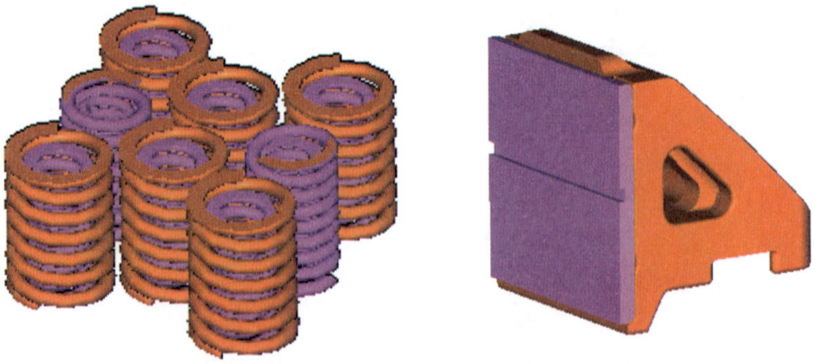

图 4-8　转 K5 型转向架弹簧减振装置

4. 转 K6 型转向架

转 K6 型转向架是在转 K2 型转向架基础上研制的 25 t 轴重转向架。转 K6 型转向架适用于标准轨距、轴重 25 t、最高商业运营速度 120 km/h 的各型铁路提速、重载货车，是我国 70 t 级及以上货车的主型转向架。转 K6 型转向架是铸钢三大件式货车转向架。一系悬挂采用轴箱橡胶垫；二系悬挂采用带变摩擦减振装置的中央枕簧悬挂系统，摇枕弹簧为两级刚度；两侧架之间加装侧架弹性下交叉支撑装置；采用直径为 375 mm 的下心盘，下心盘内设有含油尼龙心盘磨耗盘；采用 JC 型双作用常接触式弹性旁承；装用 25 t 轴重双列圆锥滚子轴承，采用轻型新结构 HEZB 型铸钢车轮或 HESA 型辗钢车轮；基础制动装置为中拉杆式单侧闸瓦制动装置，采用 L-B 型组合式制动梁、高摩合成闸瓦。转 K6 型转向架结构如图 4-9 所示。

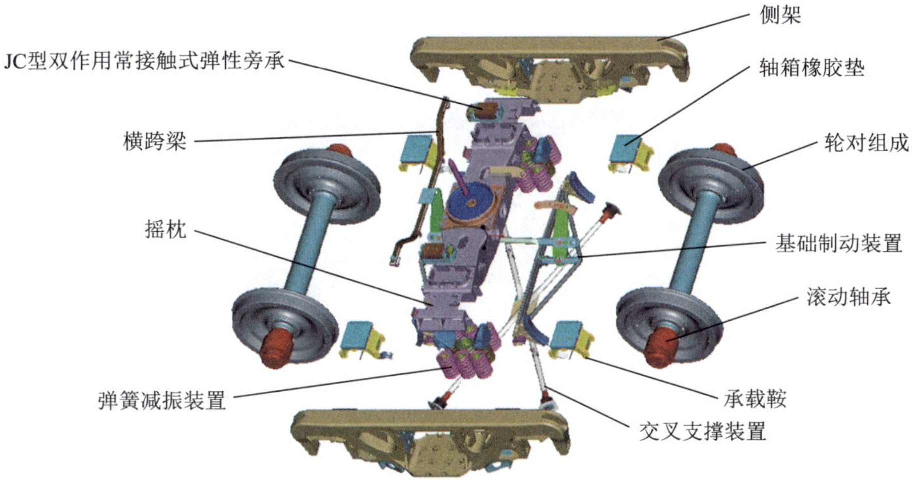

图 4-9　转 K6 型转向架

5. DZ1、DZ4 型转向架

为适应重载运输需求，研制了 27 t 轴重 DZ1 型转向架和 30 t 轴重 DZ4 型转向架，这两种转向架均采用 RF_2 型车轴、直径 915 mm 新型材质车轮、八字形轴箱橡胶垫、长行程弹性旁承等技术，采用 GM915D 型高摩合成闸瓦，DZ4 型转向架基础制动采用集成制动装置。DZ1 型转向架批量装用于 C80E 型敞车、P80 型棚车、GQ80 型罐车等 27 t 轴重货车，DZ4 型转向架批量装用于 C96 型敞车、KM98 型漏斗车等 30 t 轴重货车。DZ1 型转向架如图 4-10 所示，DZ4 型转向架如图 4-11 所示。

图 4-10　DZ1 型转向架

图 4-11　DZ4 型转向架

6. 转 K7 型转向架

转 K7 型转向架是为满足 23 t、25 t 轴重货车需要而研制的转向架，主要由轮对、侧架、橡胶堆、摇枕、基础制动装置、轮对径向装置、滚动轴承装置、双作用弹性旁承、斜楔等组成，主要装用于 C80BF、C80C 等车型上。转 K7 型转向架如图 4-12 所示。

图 4-12　转 K7 型转向架

7. DZ3 型转向架

为适应重载运输需求，研制了 27 t 轴重 DZ3 型转向架，采用 RF_2 型车轴、直径 915 mm 新型材质车轮、橡胶堆、长行程弹性旁承、轮对径向装置等技术，采用 GM915D 型高摩合成闸瓦。DZ3 型转向架批量装用于 C80EF 型敞车上。DZ3 型转向架如图 4-13 所示。

图 4-13　DZ3 型转向架

8. 轴承挡键

轴承挡键的作用是固定轮轴位置，确保车辆脱轨时，转向架与轮轴位置的相对固定。轴承挡键与轴承外圈的间隙，转 K2、转 K4、转 D21 型转向架不小于 2 mm，转 K5、转 K6、转 K7 型转向架及 C76B 型敞车用转向架、25 t 轴重副构架转向架为 3 ~ 7 mm，转 E21 型转向架为 4 ~ 15 mm，DZ1、DZ2、DZ3 型转向架为 2 ~ 7 mm。轴承挡键如图 4-14 所示。

图 4-14　轴承挡键

视 频

恢复承载鞍错位

4.2 恢复承载鞍错位

大件修

安全风险项点提示

1. 该作业由检车员自检自修完成,工长对维修质量进行检查和确认。

2. 关闭截断塞门,排净副风缸余风。

3. 对需要调整承载鞍的转向架打好止轮器,对需要调整承载鞍的轮对组装压轮卡具。

4. 使用千斤顶顶起侧架,千斤顶接触面与侧架接触面做好防滑措施,起千斤顶前要认真检查千斤顶开关是否处于锁紧状态,其行程不得超过全长的四分之三(或安全线)。

5. 调整完毕后缓慢松开千斤顶的油门。

6. 检查转向架承载鞍恢复正位。

7. 恢复后开启截断塞门。

修理流程示意图

工具、量具、材料、配件准备

↓

关闭截断塞门,排净副风缸余风

↓

安装止轮器

↓

安装压轮卡具

↓

使用千斤顶顶起侧架

↓

恢复承载鞍正位

↓

状态检查,撤除卡具和止轮器

开启截断塞门

修理质量检查和确认

工具、量具、材料、配件回收

工具、量具、材料、配件准备

作业人员到工具室取止轮器、压轮卡具、千斤顶，到达作业地点。作业前确认车列两端设有防护信号，无防护信号时禁止作业。

故障修理及质量标准

序号	程　　序	图　　示
1	关闭截断塞门，排净副风缸余风	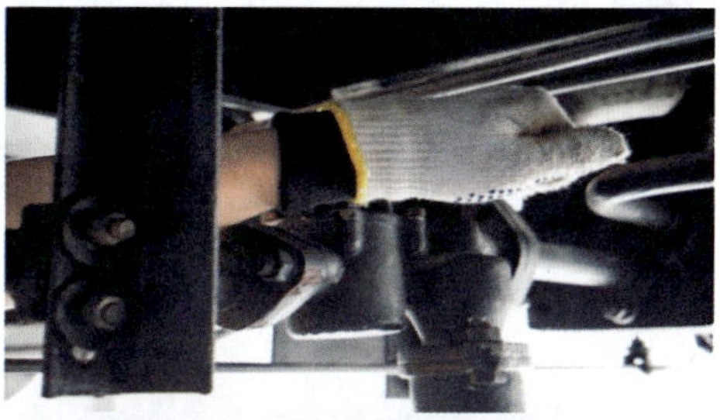

续上表

序号	程　　序	图　　示
2	对需要调整的承载鞍转向架打好止轮器	
3	对需要调整的承载鞍轮对组装压轮卡具	
4	使用千斤顶顶起侧架,对承载鞍进行调整,恢复正位	 

续上表

序号	程 序	图 示
5	缓慢松开千斤顶的油门,使侧架缓慢落下	
6	检查转向架承载鞍恢复正位	
7	依次撤除压轮卡具和止轮器	
8	开启截断塞门	

续上表

序号	程　　序	图　　示
8		

修理质量检查和确认

工长检查维修质量，承载鞍正位良好。

工具、量具、材料、配件回收

将工具、量具及换下的材料、配件回收，作业结束撤除防护信号，送至分存库和废旧材料存放处。

4.3 更换、补装空车摇枕弹簧及减振弹簧

大件修

视频

更换、补装空车摇枕弹簧及减振弹簧

安全风险项点提示

1. 该作业由检车员自检自修完成,工长对维修质量进行检查和确认。

2. 取摇枕弹簧及减振弹簧时要确认型号。

3. 安放千斤顶时要选取与转向架相对应的千斤顶垫、千斤顶座。

4. 起千斤顶前要认真检查千斤顶开关是否处于锁紧状态,其行程不得超过全长的四分之三(或安全线)。

5. 落千斤顶时要缓慢松开油门,避免千斤顶的快速回落。

6. 千斤顶的顶部需放置防滑垫,要求安放千斤顶的地面必须垫平结实并做好防滑措施,顶起车体时两人必须做好呼唤应答。架车时油门必须锁紧。

7. 更换故障弹簧时作业人员手指不能伸入弹簧间隙处和弹簧与侧架上下部之间。

修理流程示意图

工具、量具、材料、配件准备

▼

设置卡具并安装千斤顶

▼

起千斤顶更换弹簧

▼

落千斤顶

▼

撤除卡具和止轮器

▼

修理质量检查和确认

▼

工具、量具、材料、配件回收

工具、量具、材料、配件准备

作业人员取检查锤、千斤顶、垫板、双向调整丝杠、斜锲卡具、专用撬棍、止轮器等,到达作业地点。作业前确认车列两端设有防护信号,无防护信号时禁止作业。

故障修理及质量标准

序号	程　　序	图　　示
1	止轮器设置:将止轮器安放在故障车辆轮对踏面与钢轨之间(不少于2个)	
2	安放固定好千斤顶:将专用卡具放入摇枕箱口。将架千斤顶地面垫平,放入更换枕簧千斤顶,镐顶部需放置防滑垫,起千斤顶前要认真检查油门处于锁紧状态,升起千斤顶	 

续上表

序号	程　　序	图　　示
3	更换枕簧:将摇枕升到一定高度,千斤顶行程不得超过全长的四分之三(或安全线),在摇枕两侧安装双向调整丝杠,使用专用撬棍取出故障弹簧(更换减振弹簧时须插入斜楔卡具、取出待更换故障弹簧),将新弹簧装入	   

续上表

序号	程　　序	图　　示
3		 
4	落千斤顶取千斤顶：取出双向调整丝杠，缓慢落下千斤顶。落千斤顶时要缓慢松开油门，避免千斤顶快速回落。取出千斤顶	 

续上表

序号	程　　序	图　　示
5	拔出斜楔卡具	
6	撤除止轮器	
7	对摇枕弹簧状态进行检查确认	

修理质量检查和确认

工长检查维修质量，用检查锤敲打检查摇枕弹簧落成位置正确。

工具、量具、材料、配件回收

将工具、量具及换下的材料、配件回收，作业结束撤除防护信号，送至分存库和废旧材料存放处。

视 频

恢复摇枕弹簧及减振弹簧窜出

4.4 恢复摇枕弹簧及减振弹簧窜出

大件修

安全风险项点提示

1. 该作业由检车员自检自修完成,工长对维修质量进行检查和确认。

2. 使用千斤顶顶起摇枕端头前,千斤顶接触面与摇枕端头接触面做好防滑措施,千斤顶行程不得超过全长的四分之三(或安全线)。

3. 使用专用调整工具对摇枕弹簧或减振弹簧进行恢复。

4. 调整完毕后缓慢松开油门。

修理流程示意图

工具、量具、材料、配件准备

↓

设置卡具并安装千斤顶

↓

起千斤顶恢复弹簧

↓

落千斤顶

↓

修理质量检查和确认

↓

工具、量具、材料、配件回收

工具、量具、材料、配件准备

作业人员到工具室取专用的调整工具、千斤顶,到达作业地点。作业前确认车列两端设有防护信号,无防护信号时禁止作业。

故障修理及质量标准

序号	程　　序	图　　示
1	止轮器设置：将止轮器安放在故障车辆轮对踏面与钢轨之间（不少于 2 个）	
2	安放固定好千斤顶：将专用卡具放入摇枕箱口。将架千斤顶地面垫平，放入千斤顶，镐顶部需放置防滑垫，起千斤顶前要认真检查油门处于锁紧状态，升起千斤顶	 
3	恢复：将摇枕升到一定高度，千斤顶行程不得超过全长的四分之三（或安全线），在摇枕两侧安装双向调整丝杠。使用千斤顶顶起摇枕端头后，对摇枕弹簧或减振弹簧进行调整，恢复正位	

续上表

序号	程　　序	图　　示
3		
4	落千斤顶取千斤顶：取出双向调整丝杠，缓慢落下千斤顶。落千斤顶时要缓慢松开油门，避免千斤顶快速回落。取出千斤顶	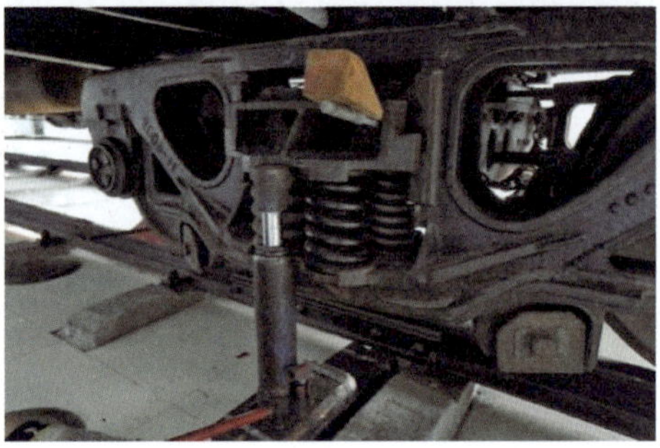
5	拔出斜楔卡具	

续上表

序号	程　　序	图　　示
6	撤除止轮器	
7	对摇枕弹簧或减振弹簧状态进行检查确认	

修理质量检查和确认

工长检查维修质量,摇枕弹簧或减振弹簧正位良好。

工具、量具、材料、配件回收

将工具、量具及换下的材料、配件回收,作业结束撤除防护信号,送至分存库和废旧材料存放处。

视 频

补装轴承挡键

4.5 补装轴承挡键

小件修

安全风险项点提示

1. 该作业由检车员自检自修完成，同对检车员对维修质量进行检查和确认。
2. 补装挡键螺栓须紧固，采用开口销连接并卷起。
3. 轴承挡键与轴承外圈间隙符合规定。

修理流程示意图

工具、量具、材料、配件准备
↓
安装挡键
↓
紧固挡键螺母
↓
安装挡键开口销
↓
修理质量检查和确认
↓
工具、量具、材料、配件回收

工具、量具、材料、配件准备

检车员到工具室取扳手、钳子、钢板尺，到材料分存库取同型号轴承挡键、螺栓、螺母、垫圈等，到达作业地点。作业前确认车列两端设有防护信号，无防护信号时禁止作业。

故障修理及质量标准

序号	程　序	图　示
1	将选好的挡键安放在侧架挡键座上，由上至下穿入螺栓并加入弹簧垫圈及螺母	 
2	使用活口扳手紧固螺母	
3	插入开口销并卷起	

续上表

序号	程序	图示
4	对挡键与轴承外圈间隙进行检查确认，轴承挡键与轴承外圈间隙符合规定。 挡键与轴承外圈的间隙：DZ1 型转向架为 2 ~ 7 mm；转 K6、转 K2 型（C100）和 C76B 型车装用的 25 t 轴重转向架等装用轴箱橡胶垫的转向架为 3 ~ 7 mm；转 E21 型转向架为 4 ~ 15 mm；其他型转向架不小于 2 mm	

修理质量检查和确认

同对检车员检查维修质量，螺母无松动，轴承挡键与轴承外圈间隙符合规定。

工具、量具、材料、配件回收

将工具、量具及换下的材料、配件回收，作业结束撤除防护信号，送至分存库和废旧材料存放处。

第5章

车体故障处置

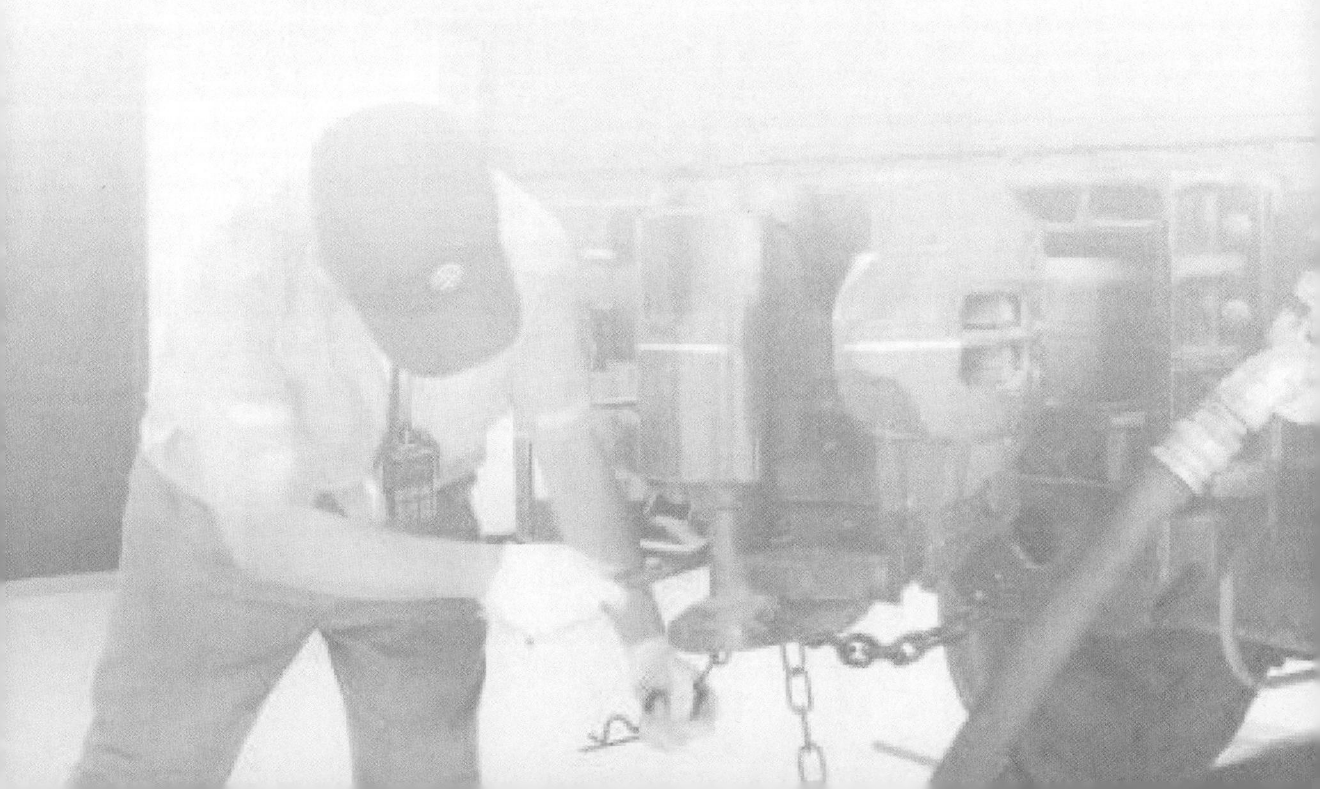

5.1 铁路货车车体基础知识

铁路车辆供旅客乘坐或装载货物及整备品的部分称为车体，一般由底架、侧墙、端墙、车顶、门、窗等组成。货车车体既要保证货运质量，又要考虑装卸货物方便，所以结构形式较多。

1. 车体的组成

车体是由若干纵向梁、横向梁和立柱组成钢骨架(钢结构)，再装上内墙板、外墙板、地板、顶板、根据需要安装的隔热材料(如保温车)、门、窗等组成。

2. 车体的分类

货车车体种类繁多，用途也较为广泛，一般车体按以下几个方面进行分类。

按照外观形式可分为平车、敞车、棚车、罐车和特种用途车等形式。

按照制造用的材质可分为钢木混合结构、全钢结构和钢铝合金结构。全钢结构有普碳钢和耐候钢两种，钢结构在制造工艺上又分为铆接结构和焊接结构，目前车辆大部分采用钢焊接结构。钢铝合金结构目前有 C80 型运煤专用敞车等使用，采用拉铆钉结构。

按照车体结构的承载特点分为底架承载结构、底架侧壁共同承载结构、整体承载结构三种承载形式。

3. 通用货车车体

(1)敞车

敞车是一种具有端墙、侧墙而无车顶的车辆，主要由车体、转向架、车钩缓冲装置、制动装置等组成，车体结构如图 5-1 所示。

(2)棚车

棚车是一种具有端墙、侧墙和车顶的车辆，主要由车体、转向架、车钩缓冲装置和制动装置等组成，车体结构如图 5-2 所示。

(3)平车、平车—集装箱共用车

平车是一种无固定端和侧墙、以底架进行承载的车辆，主要由车体、转向架、车钩缓冲装置、制动装置等组成，车体结构如图 5-3 所示。

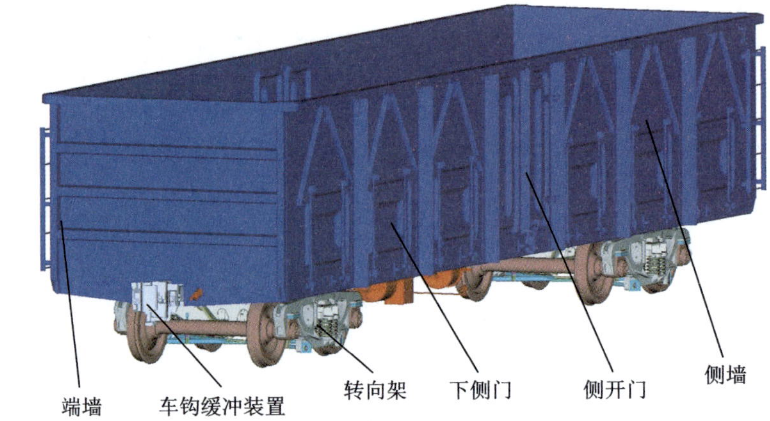

图 5-1　敞车车体

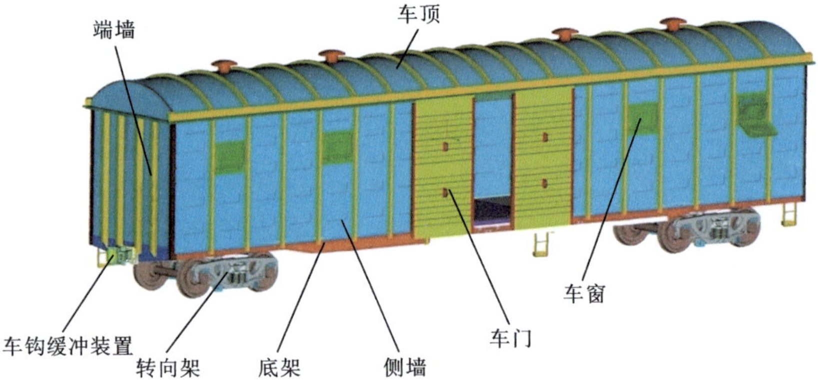

图 5-2　棚车车体

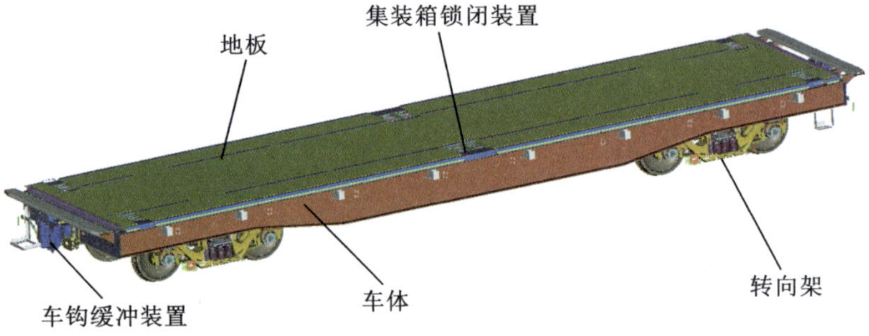

图 5-3　平车车体

(4)集装箱专用平车

集装箱专用平车车体主要包括底架、集装箱锁闭装置和门挡装置,底架由板材或型材组焊成框架结构或鱼骨刺结构,一般无地板,按载重可分为 60 t 级、70 t 级集装箱专用平车,车体结构如图 5-4 所示。

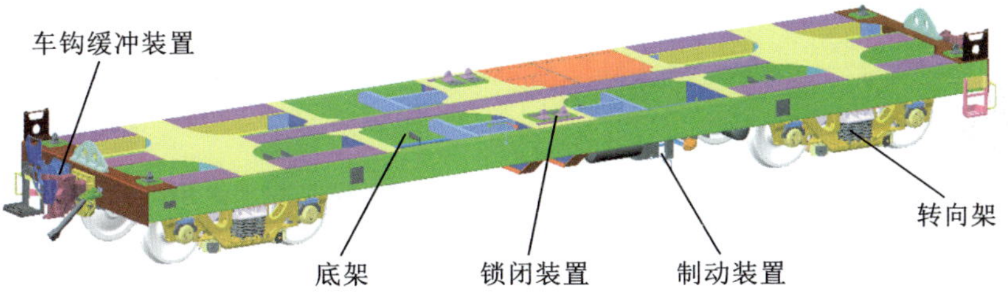

图 5-4　集装箱专用平车车体

(5)罐车

罐车是一种车体呈罐形的车辆，主要由车体、转向架、车钩缓冲装置、制动装置等组成，车体结构如图 5-5 所示。

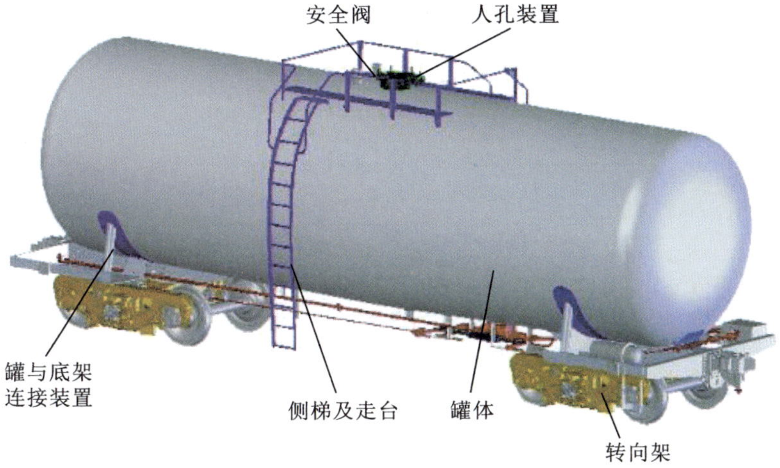

图 5-5　罐车车体

视 频

调整脚蹬及车梯扶手弯曲

5.2 调整脚蹬及车梯扶手弯曲

大件修

安全风险项点提示

1. 该作业由检车员自检自修完成，工长对维修质量进行检查和确认。
2. 脚蹬连接杆应无裂纹，并在作业中注意脚蹬连接杆状态。

修理流程示意图

工具、量具、材料、配件准备

↓

安装调整器

↓

调整弯曲脚蹬

↓

使用吊线重锤检测

↓

卸下调整器

↓

修理质量检查和确认

↓

工具、量具、材料、配件回收

工具、量具、材料、配件准备

作业人员到工具室取脚蹬弯曲调整器一套和吊线重锤，到达作业地点。作业前确认车列两端设有防护信号，无防护信号时禁止作业。

故障修理及质量标准

序号	程　　序	图　　示
1	安放工具:将调整器按照内曲或外胀故障类别进行安装	
2	调整内曲:向上抬起操作杆,将脚蹬立面调整至与车辆垂线平行位置。 调整外胀:向下压操作杆,将脚蹬立面调整至与车辆垂线平行位置	
3	检测:使用吊线重锤进行测量	
4	卸下调整器:取下脚蹬弯曲调整器	

修理质量检查和确认

工长检查维修质量,目视脚蹬弯曲调整正位。

工具、量具、材料、配件回收

将工具、量具及换下的材料、配件回收,作业结束撤除防护信号,送至分存库和废旧材料存放处。

5.3 更换、补装罐车卡带圆销

大件修

视 频

更换、补装罐车卡带圆销

安全风险项点提示

1. 该作业由检车员自检自修完成，工长对维修质量进行检查和确认。
2. 更换、补装罐车卡带圆销时注意避免卡带弹出打伤作业人员。
3. 紧固卡带螺母后，螺母无松动，卡带与罐体密贴。

修理流程示意图

工具、量具、材料、配件准备

↓

更换、补装罐车卡带圆销

↓

紧固卡带圆销螺母

↓

状态检查

↓

修理质量检查和确认

↓

工具、量具、材料、配件回收

工具、量具、材料、配件准备

作业人员到工具室取罐车卡带螺母紧固工具，到达作业地点。作业前确认车列两端设有防护信号，无防护信号时禁止作业。

故障修理及质量标准

序号	程　　序	图　　示
1	检查罐车卡带圆销及螺母的状态	
2	更换新品卡带圆销：松开方套上下螺母，顺时针松动方套，卸下圆销及开口销，更换新品	  

续上表

序号	程　　序	图　　示
3	先紧固方套,再紧固上下螺母,确认螺母紧固、卡带与罐体密贴	

修理质量检查和确认

工长检查维修质量,罐车卡带螺母紧固、状态良好。

工具、量具、材料、配件回收

将工具、量具及换下的材料、配件回收,作业结束撤除防护信号,送至分存库和废旧材料存放处。

视 频

紧固螺栓、螺母

5.4 紧固螺栓、螺母

小件修

安全风险项点提示

1. 该作业由检车员自检自修完成，同对检车员对维修质量进行检查和确认。
2. 紧固螺栓、螺母，螺栓、螺母紧固后无松动。

修理流程示意图

工具、量具、材料、配件准备

↓

紧固螺栓、螺母

↓

修理质量检查和确认

↓

工具、量具、材料、配件回收

工具、量具、材料、配件准备

检车员自身携带检查锤、扳手等工具。作业前确认车列两端设有防护信号，无防护信号时禁止作业。

故障修理及质量标准

序号	程　序	图　示
1	使用活口扳手紧固螺栓、螺母，紧固后的螺栓、螺母无松动	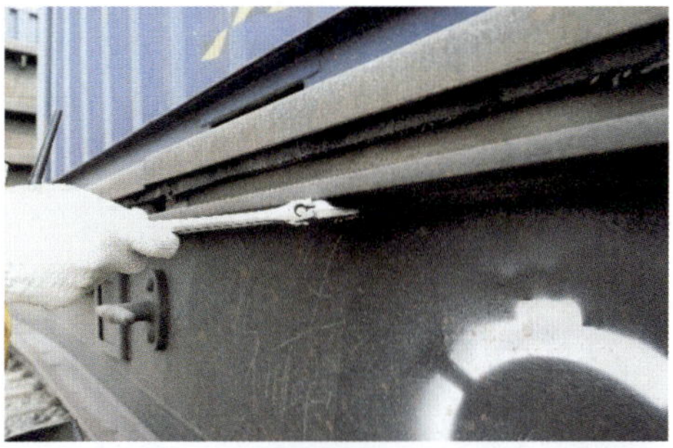

修理质量检查和确认

同对检车员检查维修质量，螺栓、螺母无松动。

工具、量具、材料、配件回收

将工具、量具及换下的材料、配件回收，作业结束撤除防护信号，送至分存库和废旧材料存放处。